基本簿記原理

第2版

伊藤龍峰／工藤栄一郎／青木康一
Tatsumine Ito　Eiichiro Kudo　Koichi Aoki

仲尾次洋子／坂根純輝／東幸代／原口健太郎
Yoko Nakaoji　Yoshiteru Sakane　Sachiyo Azuma　Kentaro Haraguchi

BOOKKEEPING

中央経済社

第２版への序

本書は2020年４月にその初版を上梓したばかりでしたが，幸いにも多くの読者に支えられ，ここにあらたに「第２版」を出版するはこびとなりました。

この「第２版」では，初版刊行の際に発見されなかった金額や勘定科目に関する微細なミス（しかし，簿記の正確な理解においては重大な誤り）を修正したほか，学習者にとってよりわかりやすいものとなるような改善がなされています。本書は，複式簿記の入門的な教科書ではありますが，大学生をその主な読者として想定しているため，たんなる解説にとどまることなく，簿記の手続きの背後にある歴史性や論理を可能なかぎり意識しながら執筆することに努力しています。そのため，初版に比べると，正確な説明をおこなうためにいくつかの章で文章による記述が増えていると同時に，帳簿記入による表現なども加えられています。

また，本書の各章の内容に対応する練習問題が，別途，中央経済社のホームページに準備されています。これらをあわせて活用することで，いっそう複式簿記の理解と習得が容易になります。

本書を手にされるみなさんが，簿記会計の豊かな世界に関心を深めていただけることを，執筆者一同こころから願っています。

2021年２月

著者一同

はじめに

簿記とは，会計を実践するための基礎となる技術です。会計は，そのままでは全貌をとらえることがむずかしい個人や組織の経済活動を，情報として表現し可視化するための重要な役割を持っています。

たとえば，ある経営者にとっては，毎日お客さんが商品を買ってくれて，仕入先には代金を滞りなく支払うことができ，毎月の給料日には従業員にきちんと賃金を支給することができるなどの平穏な日常が続いていると，自分のビジネスはうまくいっているようだとおおざっぱに把握しているかもしれません。

しかしながら，じつのところ，今月の売上高は去年の同じ時期と比べてどれくらい増減したのか，ある商品の仕入価格は過去２年間でどのように変化したのか，３カ月後に期日が迫る銀行からの借入金を返済できるのか，１年後に定年退職予定の従業員に支払う退職金のお金は準備できるのか，あるいは５年先に計画している海外販売拠点整備のための資金計画は十分なのかなど，複雑で精密な経営状況の現在と将来についての正確で客観的な情報を把握することはなかなか容易なことではありません。

簿記は，これらビジネスを行う上で重要な情報を提供する会計の基礎的なデータを作るための技術です。簿記は，個人や組織が執り行う経済的な活動を細大漏らさずに記録・計算し，そして情報化するための実践です。簿記をすることなく，会計はなしえないのです。簿記がわかれば，会計がわかりやすくなりますし，組織の経営についての理解も深まります。反対に簿記の知識がなければ，より良い組織経営の実現は難しくなります。

本書は，はじめて簿記を学ぶ人たちを対象に書かれた入門書です。多くの技術学習がそうであるように，まずは仕組みをおぼえて使えるようになることが大切です。しかし，どのような技術もそうですが，それが生まれた歴史的な必然性やその技術を広く社会に普及するために形成された論理を，簿記もその背後に有しています。そこで，本書は，簿記の処理手続についてできるだけ明快にその論理を提供するよう努めました。本書の読者となるみなさんには，ぜひ，簿記ができるようになるだけでなく，簿記をわかるようになってもらいたいと願っているからです。

本書は，西南学院大学に勤務しているか，あるいはそこで学んだ（あるいはその両方の）者たちによって書かれました。本書のタイトルは『基本簿記原理』ですが，じつは数十年前，西南学院大学の３名の教授によって同じ書名での簿記教科書が出版されています。その意味において，本書は，恩師であり，先輩教授である人たちへのオマージュでもあります。

最後に，本書に先立って公刊された『初級簿記テキスト（第２版）』と同じく，本書の公刊については，中央経済社の多大なご協力を得ることができました。同社代表取締役社長の山本継氏と編集作業を主導いただいた小坂井和重氏に深く感謝の意を表します。

2020年２月22日

著者一同

目　　次

第 1 章

簿記の意義と基礎

1 簿記の意味と目的

簿記とは，企業や商店などが行う経営活動のうち，金銭的な側面について帳簿に記録・計算して，報告書を作成するための手続です。また，帳簿記入という用語を略して簿記とよんでいます。

企業は，利益を獲得することを目的としてさまざまな経営活動を行います。たとえば，商品の仕入れと売上げ，代金の支払いと回収，備品の購入や従業員への給料の支払い等が代表的なものです。このような企業の経営活動は，一定の方法で帳簿に記録・計算され，その結果を報告します。帳簿に記録・計算する方法が簿記（bookkeeping）で，報告する手段が**財務諸表**（Financial Statements：F/S）とよばれています。

簿記を用いて企業の経営活動を記録・計算することで，次のような点が明らかになります。

① 一定時点で企業がもっている現金，商品，備品等の財産の状況（**財政状態**）を明らかにする⟹**貸借対照表**（Balance Sheet：B/S）で表示します。

② 一定期間の経営活動によって，企業が獲得した利益を計算し，その経営活動の成果（**経営成績**）を明らかにする⟹**損益計算書**（Profit and Loss Statement：P/L）で表示します。

簿記は，企業の財政状態と経営成績を明らかにしますので，たとえば，企業の株主や債権者等の利害関係者は，財務諸表を利用して各種の意思決定を行ったり，また，企業の経営者は，経営計画を立てる際の重要な材料として利用する等の役割を担っています。

2 簿記を学ぶ意義

簿記を学ぶ意義はたくさんありますが，ここでは代表的な意義を３つあげます。

① 簿記は仕事に必須の知識です。簿記の知識があれば，入社を検討している企業の状態を理解できます。また，取引先の状態も理解できます。つまり，自社と他社の経営分析の際に簿記の知識が役に立つのです。さらに，管理職の方にとっては，予算を組む際や所属部署の業績を分析する際にも簿記の知識が必要になります。そして，利益率の高い商品の選別やコスト管理が実践できるようになり，適切な意思決定ができます。なお，各種簿記検定の受験者数は年間数10万人を越えており，最も社会的ニーズが多い文系の検定の１つとして簿記検定があげられることからも簿記の知識の需要が高いことがわかります。

② 簿記を使用すると税制面で優遇される場合があります。たとえば，本書で説明していく複式簿記を使用して確定申告をすると，経営する飲食店の税金が安くなることがあります（一定額の特別控除を受けることができます）。

③ 簿記を学ぶと専門職への道が開かれます。簿記を学ぶことにより，経理や財務といった企業内での会計専門家になれることはもちろんのこと，公認会計士，税理士およびUSCPA（米国公認会計士）といった会計専門職への道も開かれていきます。そして，中小企業診断士試験，国税専門官採用試験等の公務員試験においても簿記に関する問題が出題されています。

3 簿記の種類

簿記は，帳簿への記入方法の違いによって，単式簿記と複式簿記とに区分されます。単式簿記は，現金の収入・支出に限って記録・計算する方法です。これに対して，複式簿記は，企業や商店のすべての経営活動について，一定の方法によって，組織的に記録・計算する手続です。一般に簿記という場合は複式簿記のことを指し，これからこのテキストで説明する簿記も，この複式簿記についてです。

また，簿記は，**営利簿記**と**非営利簿記**とに区分されます。

営利簿記とは，利益の獲得を目的としている企業などで用いられる簿記で，非営利簿記とは，官庁や公益法人などのように，利益の獲得を目的としない法人などで用いられる簿記です。

さらに，簿記は，適用される業種によっても，たとえば，**商業簿記**と**工業簿記**とに区分されます。商業簿記は，商品売買業やサービス業などで用いられる簿記で，工業簿記は，製造業などで用いられる簿記です。なお，このテキストでは，商業簿記について説明しています。

4　簿記の前提条件

簿記を学習するにあたって，簿記の基礎となる３つの約束事があります。３つの約束事とは，⑴**会計単位**，⑵**会計期間**，⑶**測定単位**のことで，これらを簿記の前提条件といいます。

会計単位とは，簿記を行う主体は誰かということを主題としています。すなわち，企業の簿記は，企業の財産や取引などの経営活動に関するものだけを記録の対象としており，そのため，個人企業であっても，事業主個人の家計は記録の対象としてはいけないのです。

企業の経営活動は継続的に行われるため，１年や１カ月というように一定期間を区切って記録し，その結果をまとめて報告しますが，この区切られた期間を会計期間といいます。また，会計期間は，**会計年度**または**事業年度**ということもあります。会計期間の初めを**期首**，終わりを**期末**とよび，期首と期末の間の期間のことを**期中**とよびます。

そして，現在の会計期間のことを**当期**といい，当期の１つ前の会計期間のことを**前期**といい，１つ後の会計期間のことを**次期**といいます。一般に，個人企業は１月１日から12月31日（暦年）までを，多くの株式会社は４月１日から翌年の３月31日（年度）までを会計期間としています。

簿記では，企業の経営活動を記録する場合，共通の尺度として貨幣金額を用います。これを測定単位といいます。したがって，従業員数などの貨幣金額で表示することができないものは，簿記の対象とはなりません。なお，貨幣金額とは，一般には，その企業が所在する国の通貨のことで，日本では「円（¥）」，アメリカでは「ドル（$）」，EU諸国では「ユーロ（€）」が測定単位として用いられます。

■ 練習問題１ ■

次の各文の（　　　）にあてはまる答えとして，最も適当な語句を選択肢の中から選びなさい。

選択肢　貸借対照表　損益計算書　簿記　開始時点　次期　期首
中間日程　期中　前期　期末　財政状態　経営成績

① 会計期間の初めを（　　　）という。
② 会計期間の終わりを（　　　）という。
③ （　　　）とは，帳簿記入を意味している。
④ 会計期間の初めから終わりまでの期間を（　　　）という。
⑤ 前年度の会計期間のことを（　　　）という。
⑥ 次年度の会計期間のことを（　　　）という。

第2章

貸借対照表

1 資　　産

企業は，経営活動を行うために，現金，預金，商品などの**財貨**や，売掛金，貸付金等の**債権**をもっています。簿記では，企業が保有しているこのような財貨や債権を**資産**といいます。

資　産 ｛ 財　貨……現金，普通預金，商品，建物，備品など
　　　　 債　権……売掛金，貸付金など

[資産の種類]

勘定科目	内　　容
現金	紙幣や硬貨の通貨など
普通預金	銀行などに預け入れている普通貯金
売掛金	商品を売り上げたときの未収の代金
貸付金	他社（者）に貸し付けた金銭
商品	販売目的で所有している物品
建物	経営活動のために保有している店舗や事務所などの建築物
備品	経営活動のために使用する机，いす，パソコンなど

2 負　　債

企業は，経営活動にともない，将来に現金などの支払いの義務を負うことが

あります。たとえば，買掛金や借入金が代表例です。このような将来の支払義務のことを，法律上は**債務**とよびますが，簿記では，債務を含めて**負債**といいます。

[負債の種類]

勘定科目	内　容
買 掛 金	商品を仕入れたときの未払いの代金
借 入 金	銀行などから借り入れた金銭

3 資本（純資産）

資産から負債を差し引いたものを純資産とよびます。株主から出資された元手（資本金）や，その元手を用いて事業活動を行った結果，獲得した利益を留保したもの（繰越利益剰余金）などを資本とよびます。本書の範囲では，資本と純資産は常に同じ金額になり，区別する必要はありませんので，以降では，特別の理由がない限り，資本または純資産のことを「資本」と統一して記述します。しかし厳密には，資本と純資産は異なる意味をもつことがありますので，詳しい定義については，より上級の簿記テキストで学習してください。

[資本（純資産）の種類]

勘定科目	内　容
資 本 金	株主からの出資額
繰越利益剰余金	企業活動から獲得された利益の留保額

資本の計算式は次のとおりです。

資産－負債＝資本（純資産）

なお，簿記では，この計算式のことを**資本等式**とよんでいます。

4 貸借対照表

資本等式は，負債を右辺に移項すると次の等式となります。この等式を**貸借**

対照表等式とよびます。

資産＝負債＋資本（純資産）

貸借対照表は，企業の一定時点における財政状態を示す表で，貸借対照表等式に基づいて作成されます。左側に資産が，右側には負債と資本（純資産）が示されます。また，貸借対照表等式からも分かるように，資産の合計額と負債と資本（純資産）の合計額は必ず一致します。

貸借対照表は以下のようにあらわされます。

貸借対照表

福岡商店　　X２年３月31日

資　　産	金　額	負債及び純資産	金　額
現　　金	70,000	借　入　金	62,000
普通預金	20,000	資　本　金	200,000
商　　品	110,000	繰越利益剰余金	40,000
建　　物	102,000		
	302,000		302,000

※次章以降で当期純利益を説明しますが，貸借対照表では，当期純利益は繰越利益剰余金に含まれます。

■ 練習問題２ ■

福岡商店のＸ３年３月31日の資産と負債は，次のとおりです。次の設問に答えなさい。

現金￥1,000　商品￥1,500　備品￥2,000　建物￥3,000　借入金￥4,000
買掛金￥1,500　繰越利益剰余金￥500

(1) 資産総額を求めなさい。

(2) 負債総額を求めなさい。

(3) 資本金の額を求めなさい。

(4) 福岡商店のＸ３年３月31日の貸借対照表を作成しなさい。

第３章

損益計算書

1 収　益

企業の経営活動の結果として，資本（純資産）が増減します。資本（純資産）が増加する原因を**収益**といいます。収益には次のようなものがあります。

勘定科目	内　容
商品売買益	販売した商品の販売価額（売価）と仕入価額（原価）との差額で利益に相当する部分
受取手数料	商品売買の仲介やサービス（役務）を提供して受け取った手数料
受 取 利 息	銀行預金や貸付金などから受け取った利息
受 取 家 賃	他人に事務所などを賃貸して受け取った家賃

※売価とは商品を販売したときの値段で，原価とは商品を仕入れたときの値段のことです。

2 費　用

企業の経営活動の結果として，資本（純資産）が増減します。資本（純資産）が増加する原因は収益でしたが，資本（純資産）が減少する原因を**費用**といいます。費用には次のようなものがあります。

勘定科目	内　容
給　　料	従業員などに支払った給与
広告宣伝費	テレビ・新聞などの広告代金
支払家賃	他人から借りている事務所や店舗などの賃借料
通 信 費	切手・ハガキなどの郵便料金や電話料金
消耗品費	事務用文房具・帳簿・伝票などの購入代金
水道光熱費	水道代・電気代・ガス代など
旅費交通費	電車，バス，タクシー，航空機などの料金
雑　　費	新聞購読料，お茶菓子代など
支払利息	借入金に対して支払った利息

3　当期純損益の計算

企業の経営活動は，利益を獲得することを目的として行われます。簿記では，**当期純損益**（プラスは**当期純利益**，マイナスは**当期純損失**）の計算は，次のように，収益から費用を差し引いて計算されます。

収益－費用＝当期純損益

この計算方法を**損益法**とよびます。

また，純損益の計算方法には，次のように，貸借対照表を利用して計算することもできます。

期末資本（期末純資産）－期首資本（期首純資産）＝当期純損益

この計算方法を**財産法**とよびますが，財産法は，期末資本（期末純資産）と期首資本（期首純資産）を比較する方法で，複式簿記では，この２つの計算方法で純損益を算出することができます。

4 損益計算書

損益計算書は，企業の一定期間の経営成績を示す計算表です。損益計算書は，損益法による等式を，次のように変形したものです。

費用＋当期純利益＝収益　←　損益計算書等式Ⅰ
費用＝収益＋当期純損失　←　損益計算書等式Ⅱ

損益計算書は，左には費用の項目を，右には収益の項目を示し，両者の差額として，当期純損益が示されます。以下には，当期純利益が出た場合の損益計算書を記載しておきます。

損益計算書

福岡商店　　Ｘ１年４月１日からＸ２年３月31日まで

費　用	金　額	収　益	金　額
給　料	140,000	商品売買益	200,000
支払手数料	20,000	受取手数料	62,000
広告宣伝費	110,000	受取家賃	40,000
当期純利益	32,000		
	302,000		302,000

■ 練習問題３ ■

1　熊本商店のＸ１年４月１日からＸ２年３月31日までの１会計期間の収益と費用は，次のとおりです。次の設問に答えなさい。

商品売買益￥5,000　受取手数料￥1,500　受取利息￥500　給料￥3,000
広告料￥1,000　雑費￥2,000　支払利息￥300

(1)　収益総額を求めなさい。
(2)　費用総額を求めなさい。
(3)　純損益を求めなさい。
(4)　損益計算書を作成しなさい。

2　次の空欄に入る正しい金額を計算しなさい（マイナスは純損失を示す)。

	期首資本	期末資産	期末負債	期末資本	収益総額	費用総額	純損益
(1)	A	6,000	2,000	B	5,000	C	1,000
(2)	5,000	D	3,000	7,000	E	6,500	F
(3)	4,500	7,500	G	H	4,200	I	－1,000

3　次の佐賀商店のＸ１年４月１日からＸ２年３月31日までの資料から，設問に答えなさい。

【会計期間中の収益と費用】

商品売買益￥5,500　受取手数料￥1,300　受取家賃￥1,500
給料￥4,000　旅費交通費￥500　支払利息￥300

【期末の資産，負債】

現金￥3,500　売掛金￥1,500　商品￥3,000
備品￥3,000　買掛金￥2,500　借入金￥1,400

(1)　損益計算書を作成しなさい。
(2)　貸借対照表を作成しなさい。ただし，期首の資本金は￥3,100であり，期首の繰越利益剰余金は￥500だった。

第 4 章

取引と勘定記入

1 勘　定

簿記における計算上の単位を**勘定**とよびます。勘定が帳簿上に具体的に設けられるとき，それを**勘定口座**といいます。勘定では，＋－符号の代わりに，記入の位置を左右に分け，増減を記録します。なお，簿記では左側を**借方**（かりかた），右側を**貸方**（かしかた）といいます。

勘定科目ごとに勘定が設けられています。勘定科目とは，現金・借入金・仕入・売上などの１つの計算単位の名称のことです。

また，各勘定への記入には次のようなルールがあります。①資産が増加した場合は借方に記入し，減少した場合は貸方に記入します。②負債が増加した場合は貸方に記入し，減少した場合は借方に記入します。③資本（純資産）が増加した場合は貸方に記入し，減少した場合は借方に記入します。④費用が発生した場合は借方に記入します。⑤収益が発生した場合は貸方に記入します。

勘定は，次のように**Ｔ字勘定**（Ｔフォーム）の形式に略します。

（借方）	（貸方）
①　資産の増加	①’資産の減少
②’負債の減少	②　負債の増加
③’資本の減少	③　資本の増加
④　費用の発生	⑤　収益の発生

たとえば，現金について計算する勘定は，現金勘定とよばれます。現金は資産なので，増加すると現金勘定の借方に記録し（借記といいます），減少すると

現金勘定の貸方に記録します（貸記といいます）。

たとえば，５月１日から５月４日までの４日間の処理をしてみます。５月１日に現金が￥30,000増加した場合，この金額を現金勘定の借方に記入します。５月２日に現金が￥10,000減少した場合，この金額を現金の貸方に記入します。５月３日に現金が￥15,000増加し，５月４日に現金が￥20,000減少した際も同じように記録します。この場合，５月１日から５月４日までの現金勘定は以下のようになります。

（借方）	現	金	（貸方）
５／１	30,000	５／２	10,000
３	15,000	４	20,000

２ 簿記上の取引

簿記では，企業の資産・負債・資本（純資産）に増減変動をともなう経営活動を記録の対象とします。このような資産・負債・資本（純資産）の増減変動をともなう経営活動のことを，**簿記上の取引**といいます。他方，企業の資産・負債・資本（純資産）に増減変動をともなわない事柄は簿記上の取引には該当しません。

例 簿記上の取引に該当するケース

- 商品を売り上げて現金で受け取った場合，商品という資産が減少します。
- 建物が火災により焼失した場合，建物という資産が減少します。
- 現金が盗難にあった場合，現金という資産が減少します。

例 簿記上の取引に該当しないケース

- 土地・建物を借りるための賃貸借契約を結んだ場合，資産，負債および資本に増減がないため簿記上の取引に該当しません。

一般の取引と簿記上の取引とは，以下の図のような関係にあります。

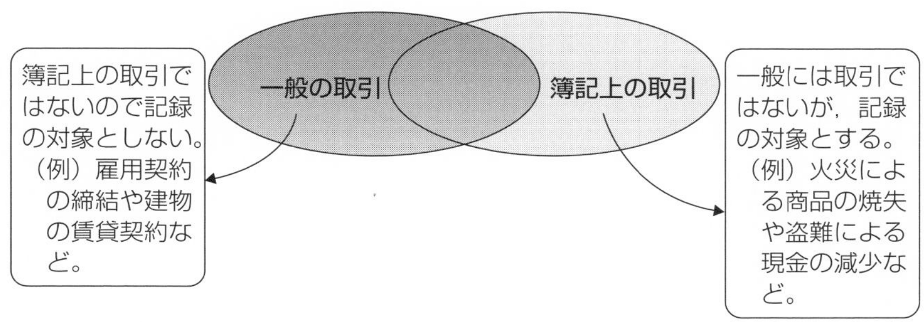
簿記上の取引ではないので記録の対象としない。
（例）雇用契約の締結や建物の賃貸契約など。
一般の取引
簿記上の取引
一般には取引ではないが，記録の対象とする。
（例）火災による商品の焼失や盗難による現金の減少など。

3　取引の８要素と結合関係

簿記上の取引によって生じる貸借対照表項目である，「資産」「負債」「資本（純資産）」の増減と，損益計算書項目である，「費用」「収益」の発生の結合関係は，取引の８要素とよばれ，その関係図は，次に示すとおりです。

[取引要素の結合関係]

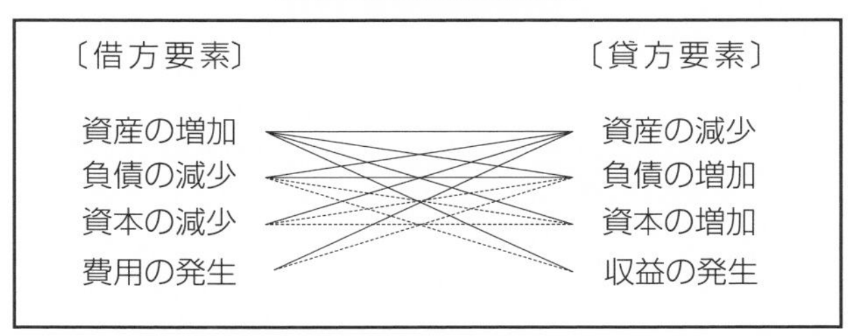
〔借方要素〕
資産の増加
負債の減少
資本の減少
費用の発生
〔貸方要素〕
資産の減少
負債の増加
資本の増加
収益の発生

※……で示された取引はあまり発生しません。

例題４

福岡商店の４月中の取引について，取引要素の結合関係を示しなさい。

４月１日　株式を発行し，株主から現金￥100,000を受け取り，営業を始めた。

借方要素		貸方要素
資　産（現　金）の増加	←→	資　本（資本金）の増加

４日　商品￥50,000を仕入れ，代金は掛けとした。

借方要素		貸方要素
資　産（商　品）の増加	←→	負　債（買掛金）の増加

５日　事務所で使うパソコン￥20,000を購入し，代金は現金で支払った。

借方要素		貸方要素
資　産（備　品）の増加	←→	資　産（現　金）の減少

７日　銀行から現金￥60,000を借り入れた。

借方要素		貸方要素
資　産（現　金）の増加	←→	負　債（借入金）の増加

10日　￥10,000で仕入れた商品を￥15,000で掛けで販売した。

借方要素		貸方要素
資　産（売掛金）の増加	←→	収　益（商品売買益）の発生
	←→	資　産（商　品）の減少

20日　借入金のうち，￥20,000を利息￥1,000とともに現金で返済した。

借方要素		貸方要素
負　債（借入金）の減少	←→	資　産（現　金）の減少
費　用（支払利息）の発生	←→	

資本金と資本準備金

株式の発行により出資を受けた場合，その一部を「資本金」ではなく「資本準備金」に計上することもありますが，本書の取り扱う範囲を超えるため，ここでは全額資本金としています。詳しい内容については上級の簿記テキストで学習してください。

■ 練習問題４ ■

1 ⑴ 以下に掲げる６月１日から６月４日までの現金の増減を現金勘定に記入しなさい。

６月１日　現金が￥40,000増加した。

６月２日　現金が￥20,000減少した。

６月３日　現金が￥25,000増加した。

６月４日　現金が￥10,000減少した。

⑵ 以下に掲げる７月１日から７月４日までの借入金の増減を借入金勘定に記入しなさい。

７月１日　借入金が￥50,000増加した。

７月２日　借入金が￥35,000減少した。

７月３日　借入金が￥12,000増加した。

７月４日　借入金が￥21,000減少した。

2 次の各文の（　　　）にあてはまる答えとして，最も適当な語句を選択肢の中から選びなさい。

① 次の選択肢の中で簿記上の取引に該当しないものは（　　　　　　）である。

選択肢　商品の購入，従業員の雇用契約の締結，倉庫の焼失，銀行からの借入れ

② 次の選択肢の中で簿記上の取引に該当しないものは（　　　　　　）である。

選択肢　得意先との商談，買掛金の支払い，現金の盗難，利息の支払い

③ 次の選択肢の中で簿記上の取引に該当しないものは（　　　　　　）である。

選択肢　売掛金の回収，商品の盗難，給料の支払い，店舗の賃貸借契約の締結

④ 次の選択肢の中で簿記上の取引に該当しないものは（　　　　　　）である。

選択肢　商品売買契約の締結，商品の販売，従業員による現金の横領，給料の支払い

3　例示にならって，次の取引における取引要素の結合関係を示しなさい。

（例示）　商品¥50,000を仕入れ，代金は現金で支払った。

	借方要素	貸方要素
（例示）	資　産（商　品）の増加	資　産（現　金）の減少

①　株式を発行し，株主から現金¥200,000を受け取って営業を始めた。

②　商品¥100,000を仕入れ，代金は掛けとした。

③　備品¥20,000を購入し，代金は現金で支払った。

④　商品¥65,000（原価¥50,000）を売り上げ，代金は掛けとした。

⑤　銀行から現金¥80,000を借り入れた。

⑥　従業員への給料¥30,000を現金で支払った。

⑦　商品を¥35,000（原価¥20,000）で売り渡し，¥10,000は現金で受け取り，残額は掛けとした。

⑧　銀行からの借入金の一部¥40,000を利息¥2,000とともに現金で返済した。

第5章

仕訳帳と元帳

1 仕　　訳

簿記では，簿記上の取引によって増減変化した額を測定して各勘定に記入しますが，各勘定へ記入する前の準備段階として，簿記上の取引について，借方要素と貸方要素との結合関係を利用して，ある借方の勘定科目と，別の貸方の勘定科目とに分解して，それぞれの金額を決定する手続を行います。この手続を仕訳といい，仕訳帳で行います。

つまり，仕訳とは，簿記上の取引を，その二面性に基づいて，

(1) 借方の勘定科目と貸方の勘定科目を決定し，

(2) それぞれの勘定科目に記入する金額を決定して，

記録する手続をいいます。

[仕訳とは簿記上の取引を，借方と貸方に分けて，二面性を記入する手続]

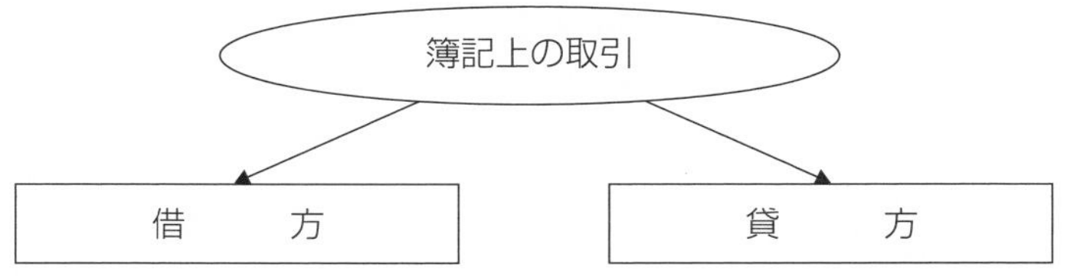

たとえば，「備品￥1,000を購入し，代金は現金で支払った。」という取引について，取引要素の結合関係に従って示すと，次のようになります。

借方要素		貸方要素
資産の増加 （備品の増加￥1,000）	――――	資産の減少 （現金の減少￥1,000）

この（　）内の記載内容について，次のような形に整理することができます。これが仕訳です。

（借）備　　　品　1,000　　（貸）現　　　金　1,000

仕訳は，簿記では非常に重要な手続です。簿記上の取引が発生したら，まず，仕訳を行うことで，簿記上の取引を借方と貸方に分解し，各勘定科目に記入する準備を行うからです。この準備段階としての仕訳を誤れば，その後の手続に影響を及ぼすことになります。

例題５

次の取引の仕訳をしなさい。

4月1日　株式を発行し，株主から現金￥2,000を受け取り，事業を始めた。

（借）現　　　金　2,000　　（貸）資　本　金　2,000

借方要素は，現金（資産）の増加￥2,000，
貸方要素は，資本金（資本）の増加￥2,000の結合関係

4日　熊本商店から商品￥2,000を仕入れ，代金は¥1,000を現金で支払い，残額は掛けとした。

（借）商　　　品　2,000　　（貸）現　　　金　1,000
　　　　　　　　　　　　　　　　買　掛　金　1,000

借方要素は，商品（資産）の増加￥2,000，
貸方要素は，現金（資産）の減少￥1,000と買掛金（負債）の増加￥1,000の結合関係

7日　取引銀行から現金￥800を借り入れた。

（借）現　　　金　800　　（貸）借　入　金　800

借方要素は，現金（資産）の増加￥800，
貸方要素は，借入金（負債）の増加￥800の結合関係

10日　原価￥400の商品を長崎商店に￥600で売り渡し，代金は掛けとした。

（借）売　掛　金　600　（貸）商　　　品　400
商品売買益　200

借方要素は，売掛金（資産）の増加￥600，
貸方要素は，商品（資産）の減少￥400と商品売買益（収益）の発生￥200の結合関係

18日　長崎商店から売掛金の一部￥500を現金で受け取った。

（借）現　　　金　500　（貸）売　掛　金　500

借方要素は，現金（資産）の増加￥500，
貸方要素は，売掛金（資産）の減少￥500の結合関係

20日　従業員に給料￥600を現金で支払った。

（借）給　　　料　600　（貸）現　　　金　600

借方要素は，給料（費用）の発生￥600，
貸方要素は，現金（資産）の減少￥600の結合関係

25日　熊本商店に買掛金の一部￥600を現金で支払った。

（借）買　掛　金　600　（貸）現　　　金　600

借方要素は，買掛金（負債）の減少￥600，
貸方要素は，現金（資産）の減少￥600の結合関係

30日　鹿児島商店に原価￥600の商品を￥800で売り渡し，代金のうち，￥500は現金で受け取り，残額は掛けとした。

（借）現　　　金　500　（貸）商　　　品　600
売　掛　金　300　　　商品売買益　200

借方要素は，現金（資産）の増加￥500と売掛金（資産）の増加￥300，
貸方要素は，商品（資産）の減少￥600と商品売買益（収益）の発生￥200の結合関係

2 転　記

簿記上の取引は，仕訳に基づいて，総勘定元帳（元帳ともいいます）の中にある，各勘定口座に書き移します。この手続を転記といいます。

転記は，以下の手順で行います。

⑴　仕訳帳の借方の勘定科目の金額を，同じ名称の勘定の借方に，日付と仕訳の相手側の勘定科目とともに記入します。

⑵　仕訳帳の貸方の勘定科目の金額を，同じ名称の勘定の貸方に，日付と仕訳の相手側の勘定科目とともに記入します。

例題５の４月１日の仕訳とその転記を示すと，次のようになります。

4/1	（借）	現　金	2,000	（貸）	資本金	2,000

現　金

4/1　資本金　2,000	

資本金

	4/1　現　金　2,000

転記では，正確な勘定科目へ正しい金額を記入することが重要になります。日付と相手勘定科目の記入は備忘的な役割を持っているにすぎないのです。もし，相手側の勘定科目が２科目以上のときは，「諸口（しょくち）」と記入します。

例題５の４月10日の仕訳とその転記を示すと，次のようになります。

4/10	（借）	売掛金	600	（貸）	商　品	400
					商品売買益	200

売掛金

4/10　諸　口　600	

商　品

	4/10　売掛金　400

商品売買益

	4/10　売掛金　200

3　仕訳帳と総勘定元帳

これまでの仕訳や転記の手続は，簡便に説明してきましたが，正式には，仕訳は，仕訳帳とよばれる帳簿で行い，総勘定元帳に転記します。簿記では，仕訳帳と総勘定元帳の２つの帳簿を**主要簿**としており，この２つの帳簿は，どのような企業であっても，かならず用いられなければならない帳簿と位置付けています。

主要簿以外の帳簿を**補助簿**といいます。補助簿は**補助記入帳**と**補助元帳**とに分類されます。特定の取引が生じるごとに仕訳帳に記入されるのと同時に記入される補助簿を補助記入帳といいます。仕訳帳から特定の勘定に転記する場合に総勘定元帳に転記するのと同時に転記される補助簿を補助元帳といいます。

補助記入帳とは，特定の取引（たとえば，現金の増減に関係する取引）が発生日順に記入されている仕訳帳を補助する帳簿であり，補助元帳とは，特定の勘定科目（たとえば，売掛金や商品）の取引先や商品などの詳細が記入されている総勘定元帳を補助する帳簿です。

(1)　仕 訳 帳

仕訳帳とは，簿記上の取引が発生するつど，その発生順（日付順）に仕訳が行われる帳簿です。以下では，仕訳帳の記載内容について説明します。

仕　訳　帳　　　1

X 1 年	摘　　要	元丁	借　　方	貸　　方
日付欄	摘要欄	元丁欄	金額欄	金額欄

- 日付欄──►簿記上の取引が発生した月日を記入します。
- 摘要欄──►左側に借方勘定科目を仕訳し，行を変えて，右側に貸方勘定科目を仕訳します。その場合，勘定科目には，（　）を付けます。ただし，どちらかに２つ以上の勘定科目を用いて仕訳する場合は，諸口と記入し，次の行から仕訳します。また，この欄の下には，取引の内容を示す小書（こがき）きを記載します。
- 元丁欄──►仕訳帳から総勘定元帳に転記する際に，転記する総勘定元帳のページ数を記入します。この欄に転記先を記入することで総勘定元帳に転記済みであることを確認する目的があります。
- 金額欄──►摘要欄で仕訳した勘定科目と同じ行に金額を記入します。

※仕訳帳の右上の数字の１は仕訳帳のページ数をあらわしています。

例題５の４月１日および４月４日の仕訳帳への記入は以下のようになります。

仕　訳　帳　　　1

X 1 年		摘　　要		元丁	借　　方	貸　　方
4	1	（現　　金）		1	2,000	
			（資　本　金）	21		2,000
		株主から出資を受け会社を設立				
	4	（商　　品）	諸　　口	6	2,000	
			（現　　金）	1		1,000
			（買　掛　金）	11		1,000
		熊本商店から仕入				

※ここでは，総勘定元帳１～10ページを資産の勘定，11～20ページを負債の勘定，21ページ以降を資本の勘定に使用するものとしています。

⑵　総勘定元帳

総勘定元帳とは，仕訳帳で仕訳した結果を，総勘定元帳の勘定口座に転記することで，各勘定の増減変化を記録する帳簿です。総勘定元帳の形式には標準式と残高式があります。残高式では，個々の勘定の残高を総勘定元帳において常時把握できるという利点があります。以下では，それぞれの記載内容について説明します。

[標準式]

総勘定元帳

現　　金　　1

Ｘ１年		摘　　要	仕丁	借　方	Ｘ１年		摘　　要	仕丁	貸　方

[残高式]

総勘定元帳

現　　金　　1

Ｘ１年		摘　　要	仕丁	借　方	貸　方	借/貸	残　高

- 日付欄──►仕訳帳の日付欄と同じく，簿記上の取引が発生した月日を記入します。
- 摘要欄──►仕訳の相手勘定科目を記入します。ただし，相手勘定科目が２つ以上の場合は，諸口と記入します。
- 仕丁欄──►摘要欄に記入した，相手勘定科目の仕訳帳のページ数を記入します。仕丁欄に転記元のページ数を記入しておくことで，転記が行われたことを確認します。
- 金額欄──►借方には借方金額を，貸方には貸方金額を記入します。なお，残高式の「借/貸」欄と「残高」欄についての記載内容は，次のとおりです。

- 借/貸欄──►残高が借方であれば「借」と記入し，残高が貸方であれば「貸」と記入します。
- 残高欄──►貸借の残高額を記入します。

※総勘定元帳の右上の１はページ数（勘定番号）をあらわしています。

例題５の４月１日および４月４日の総勘定元帳（標準式）への転記は以下のようになります。

[標準式]

総勘定元帳

現　金　　1

X１年		摘　要	仕丁	借　方	X１年		摘　要	仕丁	貸　方
4	1	資本金	1	2,000	4	4	商　品	1	1,000

商　品　　6

X１年		摘　要	仕丁	借　方	X１年		摘　要	仕丁	貸　方
4	4	諸　口	1	2,000					

買　掛　金　　11

X１年		摘　要	仕丁	借　方	X１年		摘　要	仕丁	貸　方
					4	4	商　品	1	1,000

資　本　金　　21

X１年		摘　要	仕丁	借　方	X１年		摘　要	仕丁	貸　方
					4	1	現　金	1	2,000

■ 練習問題５ ■

1　次の文の（　）の中に入る適切な語を答えなさい。

⑴（　　　　　）とは，簿記上の取引の発生順に，その仕訳を記入する帳簿である。

⑵ すべての簿記上の取引を勘定口座に記録するために設けられた帳簿を（　　　　　）という。

2　次の取引を仕訳しなさい。

5／1　株式を発行し，株主から現金￥100,000を受け取って営業を始めた。
　3　営業用の備品￥4,000を買い入れ，代金は現金で支払った。
　6　沖縄商店から商品￥15,000を仕入れ，代金は掛けとした。
　8　大分商店に商品￥14,000（原価￥10,000）を売り渡し，代金のうち，￥10,000は現金で受け取り，残額は掛けとした。
　10　熊本商店から商品￥10,000を仕入れ，代金は現金で支払った。
　15　商品売買の仲介をして，広島商店から手数料￥2,000を現金で受け取った。
　19　取引銀行から現金￥5,000を借り入れた。
　22　長崎商店から商品￥12,000を仕入れ，代金のうち，半額は現金で支払い，残額は掛けとした。
　25　従業員の給料￥12,000を現金で支払った。
　27　取引銀行からの借入金の利息￥100を現金で支払った。
　29　沖縄商店に対する買掛金￥15,000のうち，￥10,000を現金で支払った。
　31　大分商店に対する売掛金￥4,000のうち，￥2,000を現金で受け取った。

3　２の問題の取引の仕訳を，総勘定元帳（標準式）に転記しなさい。

第6章

試算表と精算表（決算予備手続）

1　決算手続

前章では，簿記上の取引を仕訳帳に仕訳して，総勘定元帳の各勘定口座に転記する手続について学びました。しかし，この手続だけでは，企業の財政状態や経営成績を明らかにすることはできません。

財政状態は貸借対照表で，経営成績は損益計算書で表示しますが，貸借対照表や損益計算書を作成するためには，**決算**という手続を実施します。決算とは，総勘定元帳の記録を整理し，帳簿を締切り，そして，貸借対照表と損益計算書を作成する一連の手続を指します。

決算手続の流れは，次のとおりです。

本章では，⑴決算予備手続について説明し，⑵決算本手続については，第7章で説明します。

財務諸表の作成をもって簿記全体の手続が完了します。簿記は，このような手続を定期的に繰り返すことになります。この簿記上の取引の仕訳に始まり財務諸表の作成で終わるという一連の手続のことを，**簿記一巡の手続**といいます。簿記一巡の手続を図示すると次のようになります。

[決算手続の流れ]

決算手続の流れ	決算手続の具体的内容
(1) 決算予備手続	• 試算表の作成など （合計試算表，残高試算表，合計残高試算表） • 棚卸表の作成と決算整理 （決算整理事項の確定，精算表の作成）
(2) 決算本手続	• 総勘定元帳の締切手続 ① 当期純損益を算定するための損益勘定の設定 ② 収益・費用勘定の残高の損益勘定への振替え ③ 損益勘定の貸借差額（当期純損益）の繰越利益剰余金勘定への振替え ④ 総勘定元帳の締め切り （収益・費用・損益の各勘定を締め切り，次に，資産・負債・資本勘定を締め切る） • 仕訳帳の締め切り
(3) 財務諸表の作成	• 貸借対照表の作成 • 損益計算書の作成

[簿記一巡の手続の図]

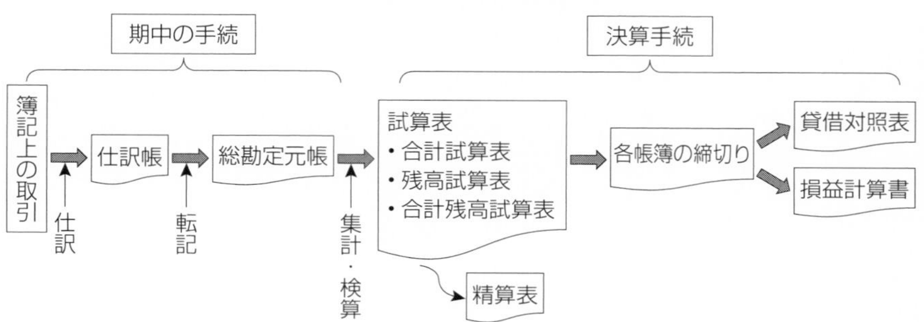

2　試算表の種類と作成方法

簿記上の取引は，仕訳の後に総勘定元帳に転記されます。総勘定元帳への転記が正しく行われなかった場合，たとえ，決算手続を正確に実施したとしても，誤った貸借対照表や損益計算書が作成されることになります。そのために，**試算表**を作成して勘定記入の正否を確かめるのです。試算表は，複式簿記に備わっている**貸借平均の原理**を利用して総勘定元帳の勘定口座への転記の結果や計算上の誤りを確かめるために作成される集計表です。

なお，貸借平均の原理とは，複式簿記では借方と貸方の金額が必ず一致することを意味する用語で，複式簿記では，仕訳において借方と貸方の金額が一致するため，試算表においても貸借の合計金額は必ず一致します。

試算表には，次のように，合計試算表，残高試算表および合計残高試算表の３種類があります。

①　**合計試算表**──►各勘定の借方合計と貸方合計を集計した表です。

②　**残高試算表**──►各勘定の借方残高と貸方残高を集計した表です。

③　**合計残高試算表**──►合計試算表と残高試算表を１つの表にまとめたものです。

例題６

次の期末（Ｘ２年３月31日）の元帳から，合計試算表，残高試算表および合計残高試算表を作成しなさい。

現　金

借方	貸方
35,000	3,500
10,000	15,000
1,000	2,800
	200
	2,000

売掛金

借方	貸方
12,000	10,000
8,000	

商　品

借方	貸方
23,000	8,000
11,000	6,500

備　品	
3,500	

買掛金	
15,000	23,000
	11,000

借入金	
2,000	10,000

資本金	
	20,000

繰越利益剰余金	
	5,000

商品売買益	
	4,000
	2,500

給　料	
2,800	

旅費交通費	
200	

合計試算表

X 2 年 3 月31日

借　方	勘定科目	貸　方
46,000	現　金	23,500
20,000	売掛金	10,000
34,000	商　品	14,500
3,500	備　品	
15,000	買掛金	34,000
2,000	借入金	10,000
	資本金	20,000
	繰越利益剰余金	5,000
	商品売買益	6,500
2,800	給　料	
200	旅費交通費	
123,500		123,500

一致する

合計試算表は，各勘定口座の借方の合計金額と貸方の合計金額を計算し，合計試算表の該当の勘定科目欄に記入します。合計試算表の借方合計金額と貸方合計金額が一致していることを確かめます。

残高試算表
X２年３月31日

借方	勘定科目	貸方
22,500	現金	
10,000	売掛金	
19,500	商品	
3,500	備品	
	買掛金	19,000
	借入金	8,000
	資本金	20,000
	繰越利益剰余金	5,000
	商品売買益	6,500
2,800	給料	
200	旅費交通費	
58,500		58,500

一致する

残高試算表は，各勘定科目の貸借差額を計算し，残高側に貸借差額を記入します。残高は，必ず，資産と費用の勘定科目は借方に，負債・資本（純資産）・収益の勘定科目は貸方に表示されます。借方合計金額と貸方合計金額が一致していることを確かめます。

合計残高試算表

X２年３月31日

借方 残高	借方 合計	勘定科目	貸方 合計	貸方 残高
22,500	46,000	現金	23,500	
10,000	20,000	売掛金	10,000	
19,500	34,000	商品	14,500	
3,500	3,500	備品		
	15,000	買掛金	34,000	19,000
	2,000	借入金	10,000	8,000
		資本金	20,000	20,000
		繰越利益剰余金	5,000	5,000
		商品売買益	6,500	6,500
2,800	2,800	給料		
200	200	旅費交通費		
58,500	123,500		123,500	58,500

合計残高試算表は，合計試算表と残高試算表を一体化させた表です。表の内側の合計欄に各勘定科目の借方合計と貸方合計を記入し，外側の残高欄に各勘定科目の残高を記入します。

３　精算表の仕組みと作成方法

精算表は，残高試算表から，貸借対照表と損益計算書を作成する手続を一覧表にした計算表です。次章で学ぶ決算本手続を行う前に，精算表を作成しておくことで，決算本手続が正確かつ円滑に実施できるとともに，あらかじめ，当期の財政状態と経営成績の概略を知ることができます。

精算表には，６桁精算表と８桁精算表があります。精算表の金額欄を６つもつ精算表を６桁精算表，８つもつ精算表を８桁精算表といいます。本章では６桁精算表を学習し，８桁精算表については第19章で取り上げます。

(1) 精算表の仕組み

精算表の仕組みを図示すると，以下のようになります。

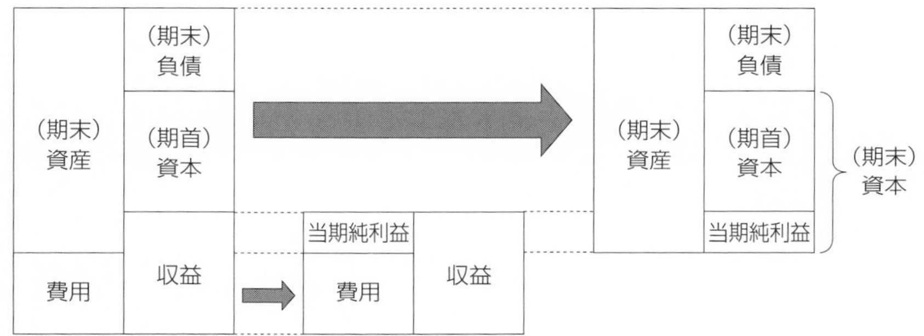

この図に基づいて，例題６の精算表を作成すると，以下のようになります。

勘定科目	残高試算表		損益計算書		貸借対照表	
	借　方	貸　方	借　方	貸　方	借　方	貸　方
現　　　金	22,500				22,500	
売　掛　金	10,000				10,000	
商　　　品	19,500				19,500	
備　　　品	3,500				3,500	
買　掛　金		19,000				19,000
借　入　金		8,000				8,000
資　本　金		20,000				20,000
繰越利益剰余金		5,000				5,000
商品売買益		6,500		6,500		
給　　　料	2,800		2,800			
旅費交通費	200		200			
	58,500	58,500				
当期純利益			3,500			3,500
			6,500	6,500	55,500	55,500

(2) 精算表の作成手順

精算表は，次の手順で作成します。

(1)　残高試算表欄に，元帳の各勘定口座の残高を記入します。

(2) 損益計算書欄に収益と費用に属する勘定科目の残高を移記します。

(3) 貸借対照表欄に資産・負債・資本（純資産）に属する勘定科目の残高額を移記します。

(4) 損益計算書の借方・貸方の残高を合計します。

(5) 損益計算書の借方側の合計額が貸方側の合計額より少なければ，借方にその差額を当期純利益として記入し，多ければ，貸方にその差額を当期純損失として記入することで，借方と貸方の合計額を一致させます。

(6) 当期純利益であれば，その額を貸借対照表の貸方に，当期純損失であれば，その額を貸借対照表の借方に移記します。

(7) 貸借対照表の借方・貸方の金額を合計して，貸借の合計額が一致していることを確認します。

■ 練習問題6 ■

次の指示に従い問題を解きなさい。

1 次の勘定口座から，X１年12月31日現在の合計試算表，残高試算表，および合計残高試算表を作成しなさい。

現　金	
1,000	250
150	100
80	25
100	

売掛金	
200	100

商　品	
400	250
	50

買掛金	
100	150

資本金	
	800

繰越利益剰余金	
	200

商品売買益	
	100
	30

給料	
20	

雑費	
5	

2 上記１の問題の資料から，精算表を作成しなさい。

３　次の期末（Ｘ１年12月31日）における各勘定残高によって，精算表を作成しなさい。なお，資本金勘定の残高は各自計算すること。

現金￥86,000	売掛金￥25,000	商品￥20,000
備品￥12,000	買掛金￥55,000	資本金￥？
繰越利益剰余金￥15,000	商品売買益￥25,000	
受取手数料￥2,800	広告宣伝費￥800	支払家賃￥2,000
給料￥500	消耗品費￥1,500	

第７章

決　算

前章では，決算予備手続について学習しましたが，本章では，決算予備手続を行った後に行う決算本手続と財務諸表の作成について説明します。なお，決算本手続の手順については，英米式決算法による締切手続について学習します。

英米式決算法と大陸式決算法

資産・負債・資本の各勘定の締切方法の違いです。英米式決算法は，大陸式決算法と比べて簡便な締切方法です。このテキストでは英米式決算法について説明しますので，大陸式決算法については，より上級の簿記テキストで学習してください。

総勘定元帳の締切手続

決算本手続は，総勘定元帳の締切手続から始まります。総勘定元帳の締切とは，当期の帳簿への記入を完了させる手続です。総勘定元帳の締切手続は，以下の段階で行われます。

①　当期純損益を算定するための損益勘定の設定

当期純損益を算定するためには，総勘定元帳の収益・費用の各勘定残高を１カ所に集めて，収益の合計額と費用の合計額を比較することで算定します。そのためには，収益・費用の各勘定残高を集める勘定口座が必要になります。その勘定口座が損益勘定です。**損益勘定**は，このような理由から**集合損益勘定**ともよばれます。

②　収益・費用勘定の残高の損益勘定への振替え

すべての収益の勘定残高を損益勘定の貸方に，すべての費用の勘定残高を損益勘定の借方に振り替えます。その結果，損益勘定では，すでに学んだように，「収益－費用＝当期純損益」の計算ができることになります。

《決算振替仕訳》

(1)	(借) 収 益 の 勘 定	×××	(貸)	損　　　　益	×××
(2)	(借) 損　　　　益	×××	(貸)	費 用 の 勘 定	×××

ここで注意しなければならないことは，損益勘定への転記の方法です。これまで，相手勘定科目が複数の場合，転記にあたっては，「諸口」と記入しましたが，決算振替仕訳の損益勘定への転記は，「諸口」とはしないで，１つずつ転記します。これは，後で説明しますが，損益勘定から損益計算書を作成するからです。

③　損益勘定の貸借差額（当期純損益）の繰越利益剰余金勘定への振替え

当期純損益は貸借対照表の側面からみると資本の増減を意味します。株式会社の場合は，当期純利益は資本金勘定と区別し，繰越利益剰余金勘定（資本）に振り替えます。そのため，損益勘定で算定された当期純損益は，当期純利益であれば，繰越利益剰余金勘定（資本）の貸方に，当期純損失であれば，繰越利益剰余金勘定の借方に振り替えます。

《決算振替仕訳》

「当期純利益の場合」

(3)	(借) 損　　　　益	××	(貸)	繰越利益剰余金	×××

「当期純損失の場合」

(3)	(借) 繰越利益剰余金	××	(貸)	損　　　　益	×××

振替え

簿記では，ある勘定口座の残高を他の勘定口座に移す場合があります。この移す手続を**振替え**といいます。たとえば，総勘定元帳の締切りにあたっては，収益と費用の勘定残高は損益勘定にそれぞれ移されますが，この移す手続が振替えで，特に，この振替えは，決算の際に行われますので，**決算振替**とよばれ，そのための仕訳を**決算振替仕訳**といいます。

以上のことを，次の**例題7**によって確認します。

例題7

佐賀商店株式会社の決算日（X２年12月31日）における総勘定元帳の各勘定残高は，次のとおりです。

現　金

借方	貸方
600	170

売掛金

借方	貸方
200	50

商　品

借方	貸方
500	300

備　品

借方	貸方
400	

買掛金

借方	貸方
300	400

借入金

借方	貸方
	200

資本金

借方	貸方
	700

繰越利益剰余金

借方	貸方
	100

商品売買益

借方	貸方
	150

受取手数料

借方	貸方
	20

給　料

借方	貸方
70	

支払利息

借方	貸方
20	

① 収益・費用勘定の残高の損益勘定への振替え

《決算振替仕訳》

(1)	(借)	商品売買益	150	(貸)	損　　益	170
		受取手数料	20			
(2)	(借)	損　　益	90	(貸)	給　　料	70
					支払利息	20

商品売買益

12/31	損益	150			150

受取手数料

12/31	損益	20			20

給　料

		70	12/31	損益	70

支払利息

		20	12/31	損益	20

損　益

12/31	給　料	70	12/31	商品売買益	150
〃	支払利息	20	〃	受取手数料	20

② 損益勘定の貸借差額（当期純損益）の繰越利益剰余金勘定への振替え

(3)	(借)	損　　益	80	(貸)	繰越利益剰余金	80

繰越利益剰余金

					100
			12/31	損益	80

損　益

12/31	給　料	70	12/31	商品売買益	150
〃	支払利息	20	〃	受取手数料	20
〃	繰越利益剰余金	80			

(1)〜(3)までの決算振替仕訳の転記をまとめると，次のようになります。

商品売買益

12/31	損益	150			150

受取手数料

12/31	損益	20			20

給　料

		70	12/31	損益	70

支払利息

		20	12/31	損益	20

繰越利益剰余金

					100
			12/31	損益	80

損　益

12/31	給料	70	12/31	商品売買益	150
〃	支払利息	20	〃	受取手数料	20
〃	繰越利益剰余金	80			

③　総勘定元帳の締切り

(a)　収益勘定，費用勘定，損益勘定の締切り

収益勘定，費用勘定，損益勘定は，決算振替仕訳を転記した段階で，貸借の合計額が一致しています。そのため，これらの勘定は締め切ることができます。帳簿を締め切る際は，二重線を引きますが，この二重線を**締切線**といいます。また，総勘定元帳が複数行にわたる際に1本の横線を引きますが，この線を**合計線**といいます。合計線は下記の損益勘定の借方の3行目の下に引いています。勘定が1行しかない場合，合計額（および合計線）を示さずそのまま締め切ります。そして，下記の損益勘定の貸方の3行目に引かれている合計線の上の斜線と横線（これを**三角線**といいます）は，空白行を使用した改ざんを防止するために引きます。

例題7の収益勘定，費用勘定，損益勘定を締め切ると，次のようになります。

商品売買益

12/31	損益	150			150

受取手数料

12/31	損益	20			20

給　料

		70	12/31	損益	70

支払利息

		20	12/31	損益	20

損　益

12/31	給　　　料	70	12/31	商品売買益	150
〃	支払利息	20	〃	受取手数料	20
〃	繰越利益剰余金	80			
		170			170

(b)　資産勘定，負債勘定，資本勘定の締切り

資産・負債・資本の各勘定は，決算振替仕訳は行わずに，直接，各勘定に締切手続を行います（英米式決算法）。

資産勘定は，借方に期末残高が生じるので，貸方の摘要欄に赤字で「**次期繰越**」と記入して残高の金額を，負債勘定と資本勘定は，貸方に期末残高が生じるので，借方の摘要欄に赤字で次期繰越と記入して残高の金額を，それぞれ記入して締め切ります。この記入を「**繰越記入**」といいます。

また，次期の期首の日付で，次期繰越とした金額を，資産勘定であれば借方に，負債勘定と資本勘定であれば貸方に「**前期繰越**」として記入します。この記入を，「**開始記入**」といいます。

例題７の資産・負債・資本の各勘定を締め切ると，次のようになります。

現　金

		600			170
			12/31	次期繰越	430
		600			600
1/1	前期繰越	430			

売掛金

		200			50
			12/31	次期繰越	150
		200			200
1/1	前期繰越	150			

商　品

		500			300
			12/31	次期繰越	200
		500			500
1/1	前期繰越	200			

備　品

		400	12/31	次期繰越	400
1/1	前期繰越	400			

買掛金

		300			400
12/31	次期繰越	100			
		400			400
			1/1	前期繰越	100

借入金

12/31	次期繰越	200			200
			1/1	前期繰越	200

資本金

12/31	次期繰越	700			700
			1/1	前期繰越	700

繰越利益剰余金

12/31	次期繰越	180			100
			12/31	損　益	80
		180			180
			1/1	前期繰越	180

決算では，帳簿の締切りが終わった後に貸借対照表および損益計算書を作成しますが，貸借対照表および損益計算書の作成は第２章，第３章および第20章で学びます。

繰越試算表

資産，負債，資本の各勘定を締め切った後，各勘定の次期繰越高を集めて繰越試算表を作成することがあります。繰越試算表は貸借対照表項目のみを集めたものであり，貸借対照表項目は，損益計算書項目のように損益勘定を使用した決算振替仕訳を行わず，元帳のみで次期繰越高を計算するため，その過程で誤りが生じていないかどうかをチェックするために作成されます。

■ 練習問題７ ■

決算日（３月31日）につき，以下の勘定口座にもとづいて，

⑴　新たに損益勘定を開設し，収益および費用の勘定を振り替えて当期純利益を算定し，

⑵　当期純利益を繰越利益剰余金勘定に振り替え，

⑶　必要な決算振替仕訳を行い，

⑷　すべての勘定を締め切りなさい。なお，開始記入もすること。

現　金

9,950	3,240

売掛金

1,500	1,000

商　品

3,000	1,000

備　品

1,000	

建　物

10,000	

買掛金

2,000	3,000

借入金

	3,000

繰越利益剰余金

	1,000

資本金

	15,000

受取手数料

	50

商品売買益

	500

雑　　費

40	

給　料

200	

支払利息

100	

第 8 章

現金・預金

1 現金勘定と現金出納帳

簿記上，現金として処理されるものには，通貨（紙幣・硬貨）のほかに，他人振出小切手，送金小切手，郵便為替証書などの通貨代用証券があります。これらは，金融機関に提示すると即座に通貨と引き替えることができるので，通貨と同様に扱われます。

現金を受け取ったときは，**現金勘定**（資産）の借方に，現金を支払ったときには貸方に記入します。なお，現金の収支については，その明細を補助簿である現金出納帳に記入します。

例題8－1

次の取引を仕訳し，現金出納帳に記入しなさい。

7月1日　現金勘定の前期繰越高　¥220,000

5日　沖縄株式会社から商品¥80,000を仕入れ，代金は現金で支払った。

（借）商　　品　80,000　（貸）現　　金　80,000

10日　従業員の給料¥100,000を現金で支払った。

（借）給　　料　100,000　（貸）現　　金　100,000

24日　熊本株式会社から売掛金の回収として，小切手¥80,000を受け取った。

（借）現　　金　80,000　（貸）売 掛 金　80,000

現金出納帳

X1年		摘要	収入	支出	残高
7	1	前月繰越	220,000		220,000
	5	沖縄株式会社から商品仕入		80,000	140,000
	10	従業員給料支払い		100,000	40,000
	24	熊本株式会社から売掛代金回収	80,000		120,000
	31	**次月繰越***		**120,000**	
			300,000	300,000	
8	1	前月繰越	120,000		120,000

＊ゴシック体は朱書き。

2 現金過不足勘定

現金の手許有高は，記入漏れや誤記入などにより帳簿残高，すなわち，現金勘定や現金出納帳の残高と一致しない場合があります。このような場合，帳簿残高を実際有高に修正しなければなりません。現金過不足が生じた場合には，一時的に**現金過不足勘定**に記入し，原因が判明したときに正しい勘定に振り替えます。決算日までに原因が判明しなかったときは**雑損勘定**（費用）または**雑益勘定**（収益）に振り替えます。

例題8－2

次の一連の取引を仕訳しなさい。

⑴　現金の実際有高が帳簿残高より￥4,000少ないことが判明した。

（借）現金過不足　4,000　（貸）現　　金　4,000

⑵　調査の結果，上記不足額のうち￥3,500は旅費交通費の記入漏れであることが判明した。

（借）旅費交通費　3,500　（貸）現金過不足　3,500

⑶　決算に際し，現金不足の残高は原因が不明であった。

（借）雑　　損　500　（貸）現金過不足　500

例題8－3

次の一連の取引を仕訳しなさい。

(1)　現金の実際有高が帳簿残高より¥2,000多いことが判明した。

(借)	現　　　金	2,000	(貸)	現金過不足	2,000

(2)　調査の結果，上記過剰額のうち¥1,600は売掛金回収の記入漏れであることが判明した。

(借)	現金過不足	1,600	(貸)	売　掛　金	1,600

(3)　決算に際し，現金過剰額の残高は原因が不明であった。

(借)	現金過不足	400	(貸)	雑　　　益	400

3　当座預金勘定と当座預金出納帳

当座預金は，銀行との当座取引契約に基づく無利息の預金です。当座預金口座に現金を預け入れたときは，**当座預金勘定**（資産）の借方に記入します。当座預金の引出しには小切手を用い，小切手を振り出したときは，当座預金勘定の貸方に記入します。

小切手を振り出すことによって，企業は取引先等への支払いを銀行に代行してもらうことになり，企業内に多額の現金を保管しておく必要がなくなります。したがって，盗難などのリスクを回避できることから，無利息であるにもかかわらず企業に利用されています。

小　切　手

AH　1　　　　　　　　　　　　　　　　　　沖縄　1201
0501-007

支払地　沖縄県名護市為又3丁目
株式会社沖縄県民銀行　学園都市支店

（金額）　**¥180,000**

上記の金額をこの小切手と引き換えに持参人へお支払下さい

拒絶証書不要

提出日　X1年5月7日　　振出人　名護市為又1丁目1番地
振出地　名護市　　　　　　　　学校法人　梨の木学園　㊞

例題８－４

次の取引を仕訳し，当座預金出納帳に記入しなさい。

８月１日　取引銀行と当座取引契約を結び，現金￥100,000を預け入れた。

（借）当座預金　100,000　（貸）現　　金　100,000

７日　熊本株式会社から売掛金￥240,000が当座預金口座に振り込まれた旨，取引銀行から連絡があった。

（借）当座預金　240,000　（貸）売 掛 金　240,000

20日　沖縄株式会社に対する買掛金￥150,000の支払いとして，小切手を振り出した。

（借）買 掛 金　150,000　（貸）当座預金　150,000

当座預金出納帳

X１年		摘　　要	預　入	引　出	借/貸	残　高
8	1	現金預け入れ	100,000		借	100,000
	7	熊本株式会社から売掛金回収	240,000		〃	340,000
	20	沖縄株式会社へ買掛金支払い		150,000	〃	190,000
	31	**次月繰越**		**190,000**		
			340,000	340,000		
9	1	前月繰越*	190,000		借	190,000

＊ゴシック体は朱書き。

４　当座借越

小切手は当座預金残高を超えて振り出すことはできませんが，あらかじめ銀行と当座借越契約を結んでいれば，当座預金残高を超えて借越限度額まで振り出すことができます。小切手の振出しによって当座借越が生じる場合は，当座預金勘定が貸方残高になります。その後，当座預金に預け入れた場合には，当座預金勘定の借方に記入することによって貸方残高が減少します。

決算に際し，当座預金勘定が貸方残高の場合には，**当座借越勘定**（負債）に振り替えます。また，翌期首に当座借越勘定から当座預金勘定に振り替えます。

例題8－5

次の取引を仕訳しなさい。

(1) 買掛金¥150,000の支払いとして小切手を振り出した。なお，当座預金残高は¥100,000であり，限度額¥200,000の当座借越契約を結んでいる。

(借) 買　掛　金　150,000　(貸) 当　座　預　金　150,000

(2) 決算に際し，当座預金の残高は貸方¥50,000であったため，当座借越勘定の貸方に振り替えた。

(借) 当　座　預　金　50,000　(貸) 当　座　借　越　50,000

(3) 期首において，当座借越勘定の貸方残高¥50,000を当座預金勘定の貸方に振り替えた。

(借) 当　座　借　越　50,000　(貸) 当　座　預　金　50,000

5　その他の預金

当座預金の他にも，企業にはさまざまな預金があります。普通預金口座を開設している場合は**普通預金勘定**（資産）で処理をします。たとえば，現金¥200,000を普通預金口座に預け入れた場合は，以下のような仕訳になります。

(借) 普　通　預　金　200,000　(貸) 現　　　金　200,000

また，普通預金に利息が入金されたときは**受取利息勘定**（収益）で処理します。普通預金口座に利息¥5,000が入金されたときは以下のように処理します。

(借) 普　通　預　金　5,000　(貸) 受　取　利　息　5,000

企業は複数の銀行口座を保有している場合がほとんどですので，普通預金勘定および当座預金勘定のみでは複数の銀行口座を管理することができません。そこで，当座預金○○銀行や普通預金××銀行といった勘定科目を使用します。たとえば，A銀行に当座預金口座を開設し，現金¥100,000を預け入れた場合，以下のような仕訳になります。

(借) 当座預金A銀行　100,000　(貸) 現　　　金　100,000

また，B銀行に普通預金口座を開設し，現金¥200,000を預け入れた場合，以下のような仕訳になります。

(借) 普通預金B銀行　200,000　(貸) 現　　　金　200,000

6 小口現金勘定と小口現金出納帳

企業が当座預金口座を設け，取引先等への支払いを小切手の振出しによって行うならば，企業内に多額の現金を保管しておく必要はなく，盗難などのリスクを回避できます。しかし，交通費や消耗品のように，日常の少額の支払いにも小切手を振り出すのはかえって煩雑です。

そこで，日常の少額の支払いに備えてあらかじめ現金を用意しておきます。これを小口現金といい，現金勘定とは区別して，**小口現金勘定**（資産）を用いて処理します。小口現金の支給は，定額資金前渡法（インプレスト・システム）によることが多いようです。この方法は，あらかじめ一定額を支給された用度係から，月末または週末に支払額の明細についての報告を受け，会計係が同額を補給する方法です。

例題8－6

次の取引を仕訳し，小口現金出納帳に記入しなさい。

11月1日　11月分の小口現金として小切手￥20,000を振り出して用度係に渡した。

（借）小　口　現　金　20,000　（貸）当　座　預　金　20,000

30日　11月分の支払明細について用度係から次の報告を受け，ただちに同額を小切手で補給した。

支払明細：11/3　タクシー代　￥2,500　11/5　茶菓子代　￥2,200
11/10　切手代　￥4,600　11/14　文房具　￥3,000
11/18　文房具　￥1,200　11/25　切手代　￥3,000

（借）	旅費交通費	2,500	（貸）	小口現金	16,500
	消耗品費	4,200			
	通信費	7,600			
	雑費	2,200			
（借）	小口現金	16,500	（貸）	当座預金	16,500

小口現金出納帳

収入	X1年		摘要	支払	内訳			
					交通費	消耗品費	通信費	雑費
20,000	11	1	小切手受入れ					
		3	タクシー代	2,500	2,500			
		5	茶菓子代	2,200				2,200
		10	切手代	4,600			4,600	
		14	文房具	3,000		3,000		
		18	文房具	1,200		1,200		
		25	切手代	3,000			3,000	
			合　　計	16,500	2,500	4,200	7,600	2,200
16,500		30	小切手					
			次月繰越*	20,000				
36,500				36,500				
20,000	12	1	前月繰越					

＊ゴシック体は朱書き。

練習問題8

1　次の取引を仕訳し，現金出納帳に記入しなさい。なお，現金勘定の前月繰越高は¥120,000である。

6月3日　広島株式会社より商品¥80,000を仕入れ，代金のうち¥20,000は得意先から受け取った小切手で支払い，残額は現金で支払った。

8日　鹿児島株式会社から売掛代金として，送金小切手¥32,000を受け取った。

15日　熊本株式会社に原価¥45,000の商品を¥60,000で売り上げ，代金のうち¥35,000は同社振出しの小切手で受け取り，残額は掛けとした。

25日　給料¥20,000を現金で支払った。

2　次の取引を仕訳しなさい。

(1)　現金の実際有高が帳簿残高より¥6,000過剰であることが判明した。

(2) 上記の現金過剰額￥6,000は，売掛金回収の記帳漏れであることが判明した。

(3) 現金の実際有高が帳簿残高より￥5,000不足していることが判明した。

(4) 上記の現金不足額のうち，￥3,500は，現金による商品仕入の記帳漏れであることが判明した。

(5) かねてより生じている現金不足額￥1,500については，原因不明のため，雑損として処理することにした。

3 次の取引を仕訳しなさい。

12月1日 取引銀行と当座取引契約を結び，現金￥50,000を預け入れた。同時に，借越限度額を￥100,000とする当座借越契約を結んだ。

5日 商品￥30,000を仕入れ，代金は小切手を振り出して支払った。

12日 売掛金￥45,000を送金小切手で受け取り，ただちに当座預金に預け入れた。

20日 買掛金￥80,000を支払うために，小切手を振り出した。

31日 決算日になったので，当座預金勘定の残高を当座借越勘定に振り替えた。

4 次の取引を仕訳しなさい。

(1) A銀行に普通預金口座を開設し，現金￥300,000を預け入れた。

(2) B銀行に当座預金口座を開設し，現金￥500,000を預け入れた。

(3) A銀行の普通預金口座からB銀行の当座預金口座に￥150,000を振り替えた。その際，手数料￥300がA銀行の普通預金口座から引き落とされた。

5 次の取引を仕訳しなさい。

6月1日 インプレスト・システムを採用し，小口現金として小切手￥40,000を振り出して用度係に渡した。

30日 用度係から6月中の支払いについて，次のような報告があったので，ただちに小切手を振り出し補給した。

旅費交通費￥25,000　消耗品費￥8,000　雑費￥2,800

第9章

商品売買

1 分記法

商品を仕入れた際に，**商品勘定**（資産）の増加として処理し，商品を販売する際に商品を減少させ，売価と原価の差額である利益を**商品売買益勘定**（収益）として処理する方法が**分記法**です。原価と利益を分けて記すことから分記法とよばれています。

分記法では，商品売買取引を次のように仕訳します。たとえば，①原価¥2,000の商品を現金で仕入れ，その後，②この商品を現金で¥3,000で売り渡したときの仕訳は，すでに学んだように，以下のようになります。

<①分記法による商品を仕入れたときの仕訳>

（借）	商　　品	2,000	（貸）	現　　金	2,000

<②分記法による商品を販売したときの仕訳>

（借）	現　　金	3,000	（貸）	商　　品	2,000
				商品売買益	1,000

分記法には，商品が売り上げられるたびに商品売買益を計算できるという特徴があります。しかし，売り上げのつど，販売された商品の原価がわかっていて売買益が算定できるということは実際にはほとんどありません。したがって，分記法による商品売買の記帳は実務上あまり行われていません。

2　3分法

(1)　仕入時および売上時の記帳

分記法の欠点を補うために，実務において多くの場合，３分法とよばれている方法が用いられています。よって，今後本書においても分記法ではなく，３分法を用いて商品売買取引を処理していきます。３分法とは，商品売買の処理を仕入勘定（費用），売上勘定（収益）および繰越商品勘定（資産）という３つの勘定科目を用いて処理する方法です。３分法では商品売買取引によって生じる売上高を総額で把握でき，商品を販売する際に商品の原価を調べる必要がありません。

また，３分法では，商品を仕入れたときは，仕入原価を仕入勘定の借方に記入し，商品を売り渡したときは，商品の売価を売上勘定の貸方に記入します。

例題９－１

次の取引を仕訳しなさい。

(1)　Ａ商品¥2,000を掛けで仕入れた。

（借）	仕　　　入	2,000	（貸）	買　掛　金	2,000

(2)　¥2,000で仕入れたＡ商品を¥4,000で掛けで販売した。

（借）	売　掛　金	4,000	（貸）	売　　　上	4,000

(3)　Ｂ商品¥1,000を仕入れ，小切手を振り出して支払った。

（借）	仕　　　入	1,000	（貸）	当座預金	1,000

(4)　¥1,000で仕入れたＢ商品を¥1,200で販売し，代金は小切手で受け取った。

（借）	現　　　金	1,200	（貸）	売　　　上	1,200

(2)　商品の棚卸しと売上原価

分記法では，商品を販売した際に，商品売買益勘定を計上し，商品販売の利益を把握することができましたが，３分法では，商品を販売した際に利益を把握できません。また，分記法では商品勘定において売れ残った商品の原価を把握できました。しかし，３分法を用い，販売された商品を売上勘定で記入し，仕入れた商品を仕入勘定で記入するだけでは売れ残った商品の原価を把握することができません。そこで，３分法を用いて利益および商品の在庫を計算するために，次期に繰り越す商品残高をあらわす繰越商品勘定を使用することになります。

以下では，**例題９－１**の商品Aを用いて繰越商品勘定について説明します。たとえば，第１期において，商品Aを¥4,000（原価）で掛けで仕入れたとすると，以下のような仕訳になります。

＜商品を仕入れたときの仕訳＞

（借）仕　　　　入　4,000　　（貸）買　掛　金　4,000

さらに，当期において商品原価¥3,000分の商品Aを¥6,000（売価）で掛けで販売したとすると，以下のような仕訳になります。

＜商品を売り上げたときの仕訳＞

（借）売　掛　金　6,000　　（貸）売　　　　上　6,000

これら２つの仕訳を勘定で示すと以下のようになります。なお，売上勘定は商品の売価で，仕入勘定は商品の仕入原価で記入される点に注意してください。

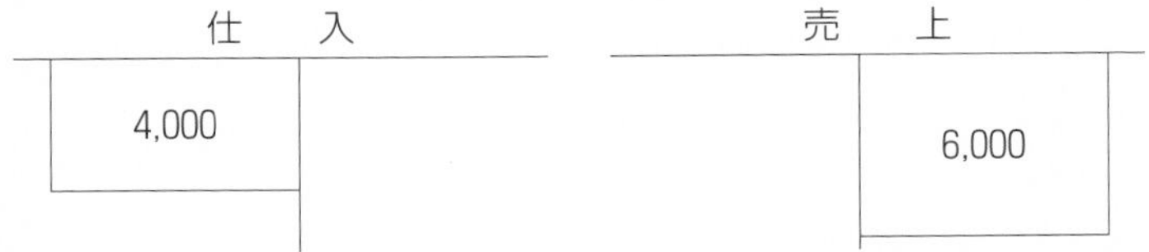

この際，売上￥6,000から仕入￥4,000を差し引くと¥2,000となりますが，利益は¥2,000と考えてよいのでしょうか。販売した商品Aの原価は¥3,000なので，利益は¥3,000（売れた商品の売価¥6,000－売れた商品の原価¥3,000）にならなければおかしいのです。上述したように，売上勘定から仕入勘定を差し引くだけでは正確な利益を計算することができません。そこで，売上から差し引く仕入の金額を販売した商品の原価（**売上原価**といいます）にするために，繰越商品勘定を使用します。具体的には，仕入勘定に計上していた商品の在庫を確認し（**棚卸**しといいます），その未販売分の原価（**期末商品棚卸高**といいます）を特定し，期末商品棚卸高を仕入勘定から繰越商品勘定に振り替えることで，仕入勘定が販売した商品の原価，すなわち売上原価をあらわすことになります。

上述したことを念頭に入れ，先ほどの商品Aの例の続きを考えます。当期の期末に売れ残った商品Aが￥1,000分あるので，この売れ残り分￥1,000を仕入勘定から控除し，繰越商品勘定に振り替える仕訳をします。

<期末に未販売の商品があるときの決算時の仕訳>

（借）繰越商品　1,000　　（貸）仕　　入　1,000

この仕訳の結果，繰越商品勘定が未販売分の次期に繰り越す商品原価をあらわすと同時に，仕入勘定は売上原価￥3,000をあらわすことになります。仕入勘定と売上勘定を対比することで，利益￥3,000を計算することができるようになりました。

当期における売上勘定，仕入勘定および繰越商品勘定の状況を示すと以下のようになります。

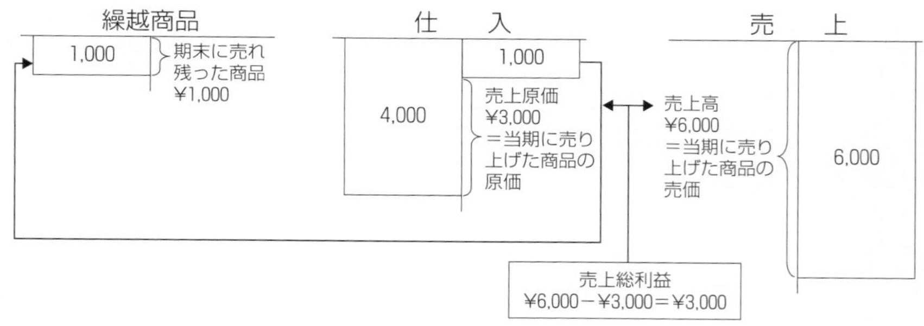

上でも示しましたが，売上高から売上原価を差し引いた利益を**売上総利益**といいます。

売上総利益　＝　売上高　－　売上原価

一方，繰り越された商品の原価は，次期において，（前期から繰り越されてきた商品在庫を意味する）**期首商品棚卸高**となり，次期の売上原価の計算に加えられます。期首に前期から繰り越されてきた繰越商品がある場合，その期首から存在している商品は当期に売り上げたと仮定して処理を実施します。

たとえば，第2期において商品Aを￥5,000仕入れ，そのうちの￥4,000分を￥8,000で売り上げたとします。繰越商品勘定の借方には前期から繰り越されてきた￥1,000が期首商品として記入されています。第２期の期末において商品￥2,000分が残ることになります。

期首商品は当期に売り上げたと仮定するので，期首商品棚卸高は売上原価に含まれます。一方で，期末商品は当期に売れなかった商品なので，売上原価から控除されます。上述してきたことは以下の計算式であらわすことができます。

売上原価　＝　期首商品棚卸高　＋　当期仕入高　－　期末商品棚卸高

つまり，第２期における売上原価は，￥1,000＋￥5,000－￥2,000＝￥4,000となります。当期の売上原価￥4,000と売上高￥8,000から，売上総利益は￥4,000（￥8,000－￥4,000）となります。

ここで，第２期の決算時の仕訳を説明します。第１期の未販売分の商品原価（￥1,000）が計上されている繰越商品勘定残高は第２期に売れたと仮定するため，売上原価をあらわす仕入勘定に振り替えます。一方，第２期の未販売分の商品原価（￥2,000）は売上原価をあらわす仕入勘定から控除され，繰越商品勘定に振り替えられます。第２期の決算において実施される仕訳は以下の仕訳になります。

<期首と期末に未販売の商品があるときの決算時の仕訳>

（借）	仕　　　入	1,000	（貸）	繰越商品	1,000
	繰越商品	2,000		仕　　　入	2,000

この仕訳により，仕入勘定は売上原価を示すようになります。次頁に，この仕訳が実施された後の第２期の状況を示します。

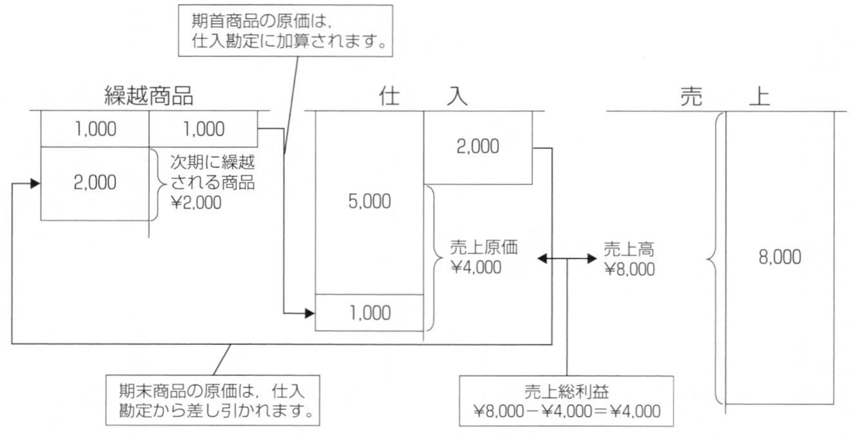

このように，決算時の仕訳が実施される前の仕入勘定は，商品の仕入額をあらわす科目だったのですが，決算時の仕訳が実施された後の仕入勘定は，売上原価をあらわす科目に変わるという点がポイントになります。

例題９－２

次のＸ１年度の福岡商事の取引を仕訳しなさい。

(1)　東京商店から商品¥100,000を仕入れ，代金は掛けとした。

（借）	仕　入	100,000	（貸）	買　掛　金	100,000

(2)　鹿児島商店に商品¥150,000を売り上げ，代金は送金小切手で受け取った。

（借）	現　金	150,000	（貸）	売　上	150,000

(3)　決算において，売上原価を算定する。期首商品棚卸高は¥2,000，期末商品棚卸高は¥4,000であった。なお，売上原価は仕入勘定で算定すること。

（借）	仕　入	2,000	（貸）	繰越商品	2,000
	繰越商品	4,000		仕　入	4,000

例題９－３

例題９－２に基づいて，当期の売上原価と売上総利益を計算しなさい。（なお，Ｘ１年度の福岡商事では，**例題９－２**にあげられている取引以外の商品売買取引は存在しない。）

売上原価　98,000
売上総利益　52,000
※以下のそれぞれの式に数字を当てはめて売上原価および売上総利益を計算する。
期首商品棚卸高＋仕入高－期末商品棚卸高＝売上原価
￥2,000＋￥100,000－￥4,000＝￥98,000
売上高－売上原価＝売上総利益
￥150,000－￥98,000＝￥52,000

なお，売上原価を仕入勘定ではなく，**売上原価勘定**（費用）を用いて計算する方法もあります。売上原価勘定を用いる方法では，決算時に仕入勘定および繰越商品勘定を売上原価勘定に振り替え，期末に残った商品を売上原価勘定から控除し，繰越商品勘定に振り替えます。

先ほど説明した第２期の例について，売上原価勘定を用いる方法で決算時の仕訳を処理すると以下のようになります。

<売上原価勘定を用いた場合の決算時の仕訳>

（借）	売上原価	1,000	（貸）	繰越商品	1,000
（借）	売上原価	5,000	（貸）	仕入	5,000
（借）	繰越商品	2,000	（貸）	売上原価	2,000

以下に，第２期において売上原価勘定を使用した場合の各勘定の状況を示します。

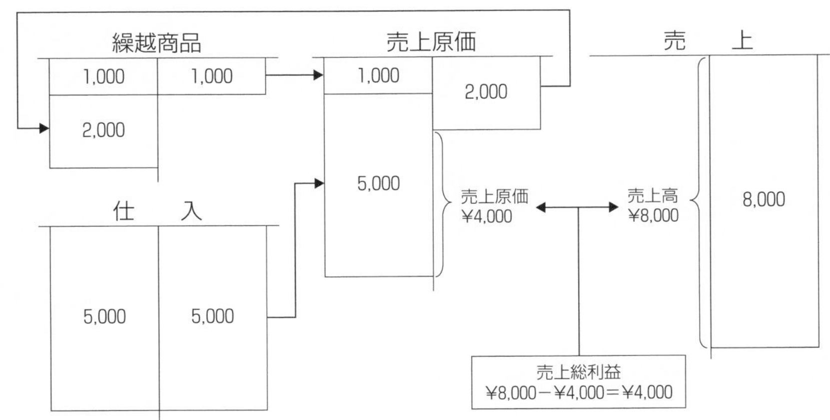

3　仕入諸掛

商品を仕入れる際に，引取運賃，運送保険料または関税といった費用（仕入諸掛）が発生することがあります。仕入諸掛は，商品を仕入れるためにかかった費用なので，仕入勘定に含めて処理をします。その結果，仕入勘定には商品代金そのものと仕入諸掛の合計額が計上されることになります。

他方，商品を販売する際に発生する運送会社に対する運賃や運送保険料などの費用を売り手が負担する場合は，売上勘定から控除せずに**発送費勘定**（費用）で処理します。収益と費用を相殺すると，その企業の取引の規模がわからなくなるため，収益である売上勘定と費用である発送費勘定を相殺しないように注意してください。

また，発送費を買い手が負担する場合で，売り手が買い手の代わりに立替払いした際には，通常その額を売掛金に含めて処理します。ただし，立替払いした額を売掛金に含めず，**立替金勘定**（資産）に含めることも認められています。

例題９－４

次の取引を仕訳しなさい。

⑴　北海道商店から商品￥20,000を仕入れ，代金は掛けとした。なお，引取運賃として￥3,000を現金で支払った。

（借）	仕　　　入	23,000	（貸）	買　掛　金	20,000
				現　　　金	3,000

⑵　広島商店に商品￥40,000を売り渡し，代金は掛けとした。なお，発送費￥5,000（当店負担）は現金で支払った。

（借）	売　掛　金	40,000	（貸）	売　　　上	40,000
	発　送　費	5,000		現　　　金	5,000

⑶　京都商店に商品￥60,000を売り渡し，代金は掛けとした。なお，商品の運送保険料￥2,000は先方の負担であるが，現金で立替払いをした。

（借）	売　掛　金	62,000	（貸）	売　　　上	60,000
				現　　　金	2,000

(4) 熊本商店に商品￥30,000を売り渡し，代金は当座預金に振り込まれた。また，商品の運送料￥3,000は先方の負担であるが，現金で立替払いをした。なお，当店は運送料の立替払いを立替金勘定で処理している。

(借)	当座預金	30,000	(貸)	売上	30,000
	立替金	3,000		現金	3,000

4 仕入戻しと売上戻り

仕入れた商品の一部を返品することがあります。このことを**仕入戻し**といいます。仕入戻しがあった場合は，その額（仕入戻し高）を仕入勘定の貸方に記入します。なお，仕入戻し高を控除する前の仕入高を**総仕入高**といい，仕入戻しを控除した後の仕入高を**純仕入高**といいます。

一方，売り上げた商品の一部を返品することを**売上戻り**といいます。売上戻りがあった場合は，その額（売上戻り高）を売上勘定の借方に記入します。なお，売上戻りを控除する前の売上高を**総売上高**といい，売上戻りを控除した後の売上高を**純売上高**といいます。

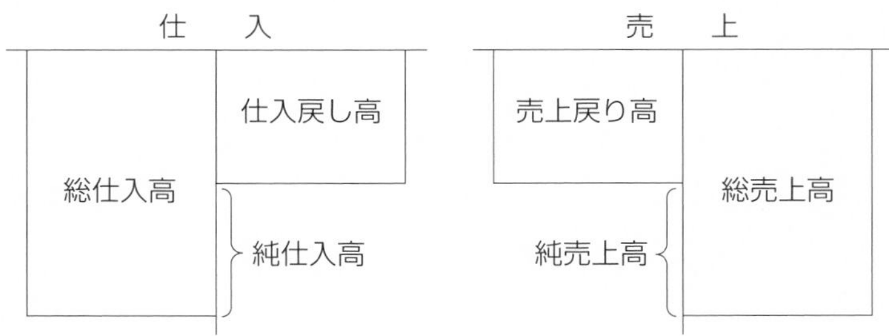

具体的にいえば，返品の際は，返品分の商品の仕入れ（または売上げ）を取り消すために逆仕訳を実施します。たとえば，￥10,000の商品を掛けで仕入れ，後日￥10,000の商品の返品をする場合は以下のような仕訳になります。

＜商品仕入れ時＞

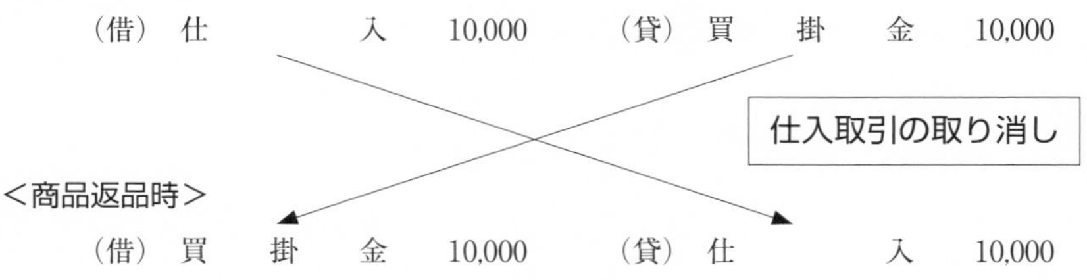

例題９－５

次の取引を仕訳しなさい。

(1)　長崎商店から掛けで仕入れていた商品のうち￥13,000を品質不良のため返品した。

（借）	買　掛　金	13,000	（貸）	仕　　　入	13,000

(2)　秋田商店に掛けで売り上げていた商品のうち￥10,000が品違いのため返品された。

（借）	売　　　上	10,000	（貸）	売　掛　金	10,000

5　仕入帳と売上帳

(1)　仕　入　帳

仕入帳は商品の仕入れに関する明細のみを記録する補助簿です。仕入勘定では把握できない仕入先，品名，数量および単価などの明細を把握するために仕入帳は作成されます。

仕入帳の記入は次のように行います。

①　商品を仕入れた際は，その日付，仕入先名，代金の支払い方法，品名，数量，単価，合計金額を記入します。

②　仕入戻し（返品）については赤字で記入します。

③　月末に締め切る際には，仕入戻し高の合計額を赤字で記入し，総仕入高から仕入戻し高を差し引いて純仕入高を計算します。

以下に掲げる仕入帳の記入例を参考にしてください。

仕　　入　　帳

X1年		摘　　要		内　訳	金　額
10	7	香川商店	現金		
		机　　30個　　@¥5,000		150,000	
		引取運賃　現金払い		3,000	153,000
	15	岡山商店	掛け		
		イス　　30個　　@¥3,000		90,000	
		棚　　10個　　@¥2,000		20,000	
		引取運賃　現金払い		2,000	112,000
	17	岡山商店	掛け返品		
		イス　　2個　　@¥3,000			6,000
	31		総　仕　入　高		265,000
	〃		仕入返品高		6,000
			純　仕　入　高		259,000

＊ゴシック体は朱書き

※資格試験や定期試験等では赤字で記入する箇所のすべてを黒字で記入して構いません。なお，簿記では商品1個当たりの単価を@という記号で表示します。

(2) 売　上　帳

売上帳は商品の売上に関する明細のみを記録する補助簿です。売上勘定だけでは把握できない得意先，品名，数量および単価などの明細を把握するために売上帳は作成されます。

売上帳の記入は次のように行います。

① 商品を売り渡した際は，その日付，得意先名，代金の受取方法，品名，数量，単価，合計金額を記入します。

② 売上戻り（返品）については赤字で記入します。

③ 月末に締め切る際には，売上戻り高の合計額を赤字で記入し，総売上高から売上戻り高を差し引いて純売上高を計算します。

以下に掲げる売上帳の記入例を参考にしてください。

売　上　帳

X1年		摘　要		内　訳	金　額
10	17	愛媛商店	掛け		
		机　25個　@￥7,000			175,000
	26	広島商店	掛け		
		イス　16個　@￥5,000		80,000	
		棚　8個　@￥3,500		28,000	108,000
	29	**広島商店**	**掛け返品**		
		イス　2個　@￥5,000			**10,000**
	31		総売上高		283,000
	〃		**売上返品高**		**10,000**
			純売上高		273,000

＊ゴシック体は朱書き

6　商品有高帳

(1)　商品有高帳

商品の増減および残高を記入する補助簿として**商品有高帳**があります。商品有高帳に商品の受入れ（店に入ってくること）および払出し（店から出ていくこと）を記入することにより，商品の種類ごとの在庫の数量，金額，仕入原価および払出価額が明らかになります。

商品有高帳の記入例を示すと，次のようになります。

商　品　有　高　帳

ソックス

X1年		摘　要	受入			払出			残高		
			数量	単価	金額	数量	単価	金額	数量	単価	金額
5	1	前月繰越	50	150	7,500				50	150	7,500
	6	仕　　入	90	150	13,500				140	150	21,000
	15	売　　上				120	150	18,000	20	150	3,000
	25	仕　　入	60	150	9,000				80	150	12,000
	31	**次月繰越**				**80**	**150**	**12,000**			
			200		30,000	200		30,000			
6	1	前月繰越	80	150	12,000				80	150	12,000

＊ゴシック体は朱書き

(2)　先入先出法と移動平均法

同じ商品でも仕入時期や数量によって，仕入単価が異なることがあります。このような場合，どの仕入単価を払出単価とするか決める必要があります。払出欄に記入する払出単価を決める方法はいくつかありますが，ここでは先入先出法と移動平均法について学習します。

①　先入先出法

先入先出法は，先に受け入れた商品から先に払い出すと仮定して払出単価を決める方法です。なお，仕入単価が異なる商品を同時に払い出した場合，または仕入単価が異なる商品が残高に残っている場合は，複数行に分けて記入し，左波カッコ ｛ でくくりましょう。

②　移動平均法

移動平均法は，商品を仕入れるたびに，数量および金額を前の残高に加え，新しい平均単価（移動平均単価といいます。）を計算し，その平均単価を払出単価とする方法です。

移動平均法による単価の計算は，次の式で行います。

$$\frac{\text{直前の残高金額}+\text{新しい仕入れ金額}}{\text{直前の残高数量}+\text{新しい仕入れ数量}}=\text{移動平均単価}$$

例題9－6

次の取引に基づき，(1)先入先出法と，(2)移動平均法によって商品有高帳を作成しなさい（帳簿の締切りも行いなさい）。

6月1日　A商品6個，@¥75が前月より繰り越されてきた。
　　7日　A商品4個を@¥85で仕入れた。
　　15日　A商品7個を@¥105で販売した。
　　20日　A商品5個を@¥87で仕入れた。
　　25日　A商品5個を@¥110で販売した。

(1)　**先入先出法**

商　品　有　高　帳

A商品

X1年		摘要	受入			払出			残高		
			数量	単価	金額	数量	単価	金額	数量	単価	金額
6	1	前月繰越	6	75	450				6	75	450
	7	仕入	4	85	340				{ 6	75	450
									4	85	340
	15	売上				{ 6	75	450			
						1	85	85	3	85	255
	20	仕入	5	87	435				{ 3	85	255
									5	87	435
	25	売上				{ 3	85	255			
						2	87	174	3	87	261
	30	**次月繰越**				**3**	**87**	**261**			
			15		1,225	15		1,225			
7	1	前月繰越	3	87	261				3	87	261

＊ゴシック体は朱書き

(2)　**移動平均法**

商　品　有　高　帳

A商品

X１年		摘　要	受入			払出			残高		
			数量	単価	金額	数量	単価	金額	数量	単価	金額
6	1	前月繰越	6	75	450				6	75	450
	7	仕　　入	4	85	340				10	79	790
	15	売　　上				7	79	553	3	79	237
	20	仕　　入	5	87	435				8	84	672
	25	売　　上				5	84	420	3	84	252
	30	**次月繰越**				**3**	**84**	**252**			
			15		1,225	15		1,225			
7	1	前月繰越	3	84	252				3	84	252

＊ゴシック体は朱書き

※６月７日の平均単価　$\frac{¥450+¥340}{6\text{個}+4\text{個}}$

※６月20日の平均単価　$\frac{¥237+¥435}{3\text{個}+5\text{個}}$

〈解説〉

商品有高帳の金額はすべて原価で記入します。商品を売り上げた際の単価は売価ですので，この金額を払出欄に記入しないように注意してください。なお，先入先出法で用いる左波カッコを忘れないようにしてください。

また，受入欄の数量および金額の合計と，払出欄の数量および金額の合計が一致しているか確かめて帳簿を締め切ってください。そして，次月に繰り越す数量，単価および金額を払出欄に赤字（試験では黒字）で記入し，それらの数字を７月１日に前月繰越として受入欄および残高欄に記入することを忘れないようにしましょう。

■ 練習問題９ ■

1　次の一連の取引の仕訳を示しなさい。また，本章以降の練習問題では指示がない限り分記法ではなく，３分法を使用すること。なお，(5)は仕訳をせずに金額を算出すること。

(1)　東京商店より商品¥1,000を仕入れ，小切手を振り出して支払った。

(2)　大阪商店に商品¥1,500を掛けで販売した。

(3)　決算において，売上原価を算定する。期首商品棚卸高は¥10,000，期末商品棚卸高は¥40,000であった。なお，売上原価は仕入勘定で算定すること。

(4)　決算において，売上原価を算定する。期首商品棚卸高は¥30,000，期末商品棚卸高は¥20,000であった。なお，売上原価は仕入勘定で算定すること。

(5)　福岡商事のＸ１年の業績は以下のとおりであるが，福岡商事のＸ１年の売上原価および売上総利益を計算せよ。なお，決算整理仕訳はまだ実施されていない。
売上高　¥300,000　仕入高　¥150,000
期首商品棚卸高　¥35,000　期末商品棚卸高　¥20,000

(6)　熊本商店から商品¥30,000を仕入れ，代金は掛けとした。なお，引取運賃として¥1,000を現金で支払った。

(7)　佐賀商店に商品¥50,000を売り渡し，代金は掛けとした。なお，発送費¥3,000（当店負担）は現金で支払った。

(8)　宮城商店に商品¥70,000を売り渡し，代金は掛けとした。なお，商品の運送保険料¥5,500は先方の負担であるが，現金で立替払いをした。

(9)　愛知商店に商品¥60,000を売り渡し，代金は小切手で受け取った。また，商品の運送料¥2,000は先方の負担であるが，現金で立替払いをした。なお，当店は運送料の立替払いを立替金勘定で処理している。

(10)　山口商店から掛けで仕入れていた商品¥15,000のうち¥5,000を品違いのため返品した。

(11)　兵庫商店に掛けで売り上げていた商品¥700,000のうち¥70,000が品質不良のため返品された。

2　次の取引を仕入帳に記入して締め切りなさい。

８月２日　静岡商店からＡ商品10個（@¥10）とＢ商品20個（@¥15）を仕入れ，代金は掛けとした。

15日　神奈川商店からＢ商品15個（@¥16）を仕入れ，代金は現金で支払った。

30日　２日に仕入れたＡ商品１個を返品し掛け代金から差し引いた。

3　次の取引を売上帳に記入して締め切りなさい。

５月８日　秋田商店にＡ商品20個（@¥18）とＢ商品10個（@¥30）を掛けで売り上げた。

17日　岩手商店にＣ商品10個（@¥50）を売り上げ，現金を受け取った。

24日　秋田商店に掛けで売り上げたＢ商品１個（@¥30）が返品された。

4　次の資料に基づき，⑴先入先出法と，⑵移動平均法によってＡ商品の商品有高帳を作成しなさい。なお，帳簿の締切りも行うこと。

［資料］Ａ商品の売買取引

		数量	単価	金額
11月１日	前月繰越	10個	¥100	¥1,000
８日	仕　　入	20個	¥130	¥2,600
13日	売　　上	15個	¥160	¥2,400
17日	仕　　入	30個	¥105	¥3,150
27日	売　　上	25個	¥180	¥4,500

第 10 章

売掛金と買掛金

1 売掛金と売掛金元帳

企業が行う商品売買取引の代金決済方法の１つに掛取引があります。掛取引とは，代金を後日受け取る約束のもと商品を販売すること，また，代金を後日支払う約束のもと商品を仕入れることをいいます。これは，取引の当事者間に信用関係が構築されていることが前提となります。掛取引を利用することにより，企業は，日々繰り返し行う商品売買の都度現金決済を行う手間が省け，現金を手許で管理することによって起こりうる危険を回避することができます。

掛取引において，商品を販売した側は，後日受け取る代金を**売掛金勘定**（資産）の借方に記帳します。売掛金とは，後日代金を受け取ることができる権利（債権）のことです。その後，売掛金を現金等で回収したときには売掛金勘定の貸方に記帳します。これは，代金を受け取る権利が消滅したことを意味します。

掛けによる商品販売については，総勘定元帳の売掛金勘定に集約されるため，売掛金の増減および残高を常に把握することができます。しかし，複数の得意先がいる場合，各々の得意先に対する売掛金の増減および残高はわからなくなってしまいます。そこで，各得意先の企業名等を勘定科目として設定し，得意先各々の勘定で売掛金の増減を把握する方法があります。このように設定された企業名等の勘定のことを**人名勘定**といいます。

このように総勘定元帳に得意先それぞれの人名勘定を設ける方法では，売掛金勘定の代わりに人名勘定で仕訳を行うことになります。

例題10－1

次の取引について，人名勘定を用いて仕訳しなさい。

① 広島商事に商品を¥70,000で売り上げ，代金は掛けとした。

（借）	広島商事	70,000	（貸） 売上	70,000

② 長崎商事に商品を¥50,000で売り上げ，代金は掛けとした。

（借）	長崎商事	50,000	（貸） 売上	50,000

③ 上記①の商品のうち¥10,000分が品違いのため返品された。

（借）	売上	10,000	（貸） 広島商事	10,000

④ 上記②の代金を現金で受け取った。

（借）	現金	50,000	（貸） 長崎商事	50,000

⑤ 上記①の代金を小切手で受け取った。

（借）	現金	60,000	（貸） 広島商事	60,000

一方で，得意先が多数の場合，総勘定元帳に人名勘定を設けると勘定科目数が膨大になり，かえって不便な帳簿記録となってしまいます。そこで，総勘定元帳とは別に**売掛金元帳**（得意先元帳）という補助簿を作成し，その中に人名勘定を設ける方法があります。この方法で「北海道商事へ商品¥1,000を掛けで売り上げた」という取引を処理すると，以下のように記帳されます。

《仕訳帳》

（借）	売掛金	1,000	（貸） 売上	1,000

《総勘定元帳》

売掛金

借方	貸方
1,000	

《売掛金元帳》

北海道商事

借方	貸方
1,000	

まず，期中の取引の処理と同様，仕訳帳へ仕訳を記入し，総勘定元帳の売掛金勘定の借方へ転記します。それと同時に，売掛金元帳の北海道商事勘定の借方へ記入します。

総勘定元帳とは別に補助簿である売掛金元帳を作成することで，売掛金全体の増減は総勘定元帳で把握でき，各得意先の明細は売掛金元帳で明らかになります。この方法では，売掛金元帳の各人名勘定の借方合計の総額および貸方合計の総額は，総勘定元帳の売掛金勘定の借方合計および貸方合計とそれぞれ一致します。このように補助簿の各勘定を集約した性質をもつ勘定のことを統制勘定といいます。ここでは，売掛金勘定がそれにあたります。

例題10－2

10月の各取引を仕訳し，総勘定元帳に転記するとともに，売掛金元帳に記入しなさい。なお，売掛金元帳は10月31日付で締め切ること。

10月１日　売掛金の前月繰越高は￥320,000（うち，株式会社佐賀商事￥120,000，株式会社大分商事￥200,000）である。

仕 訳 な し

７日　株式会社佐賀商事に商品￥150,000，株式会社大分商事に商品￥250,000をそれぞれ販売し，代金は掛けとした。

（借）売 掛 金　400,000　（貸）売　　上　400,000

９日　株式会社佐賀商事から商品￥20,000（７日販売分）が品違いにより返品された。

（借）売　　上　20,000　（貸）売 掛 金　20,000

15日　株式会社大分商事への売掛金￥400,000が当座預金へ振り込まれた旨の通知を受けた。

（借）当座預金　400,000　（貸）売 掛 金　400,000

21日　株式会社佐賀商事への売掛金￥150,000を同社振り出しの小切手で受け取った。

（借）現　　金　150,000　（貸）売 掛 金　150,000

総 勘 定 元 帳

売　　掛　　金

10/1	前月繰越	320,000	10/9	売　　上	20,000
7	売　　上	400,000	15	当座預金	400,000
			21	現　　金	150,000

売　掛　金　元　帳

株式会社佐賀商事

X1年		摘　要	借　方	貸　方	借または貸	残　高
10	1	前月繰越	120,000		借	120,000
	7	売　上	150,000		〃	270,000
	9	返　品		20,000	〃	250,000
	21	入　金		150,000	〃	100,000
	31	次月繰越		100,000		
			270,000	270,000		
11	1	前月繰越	100,000		借	100,000

株式会社大分商事

X1年		摘　要	借　方	貸　方	借または貸	残　高
10	1	前月繰越	200,000		借	200,000
	7	売　上	250,000		〃	450,000
	15	入　金		400,000	〃	50,000
	31	次月繰越		50,000		
			450,000	450,000		
11	1	前月繰越	50,000		借	50,000

2　買掛金と買掛金元帳

掛取引において，商品を仕入れた側は，後日支払う代金を**買掛金勘定**（負債）の貸方に記帳します。買掛金とは，後日代金を支払わなければならない義務（債務）のことです。その後，買掛金を現金等で支払ったときには買掛金勘定の借方に記帳します。これは，代金を支払わなければならない義務（債務）を履行したことを意味します。

掛けによる仕入取引については，総勘定元帳の買掛金勘定に集約されるため，買掛金の増減および残高を常に把握することができます。しかし，複数の仕入先がいる場合，各々の仕入先に対する買掛金の増減および残高はわからなくなってしまいます。そこで，各仕入先の企業名等を勘定科目として設け，仕入先各々の勘定で買掛金の増減を把握する方法があります。このように総勘定元帳の中に仕入先それぞれの人名勘定を設ける方法では，買掛金勘定の代わりに人名勘定で仕訳を行うことになります。

例題10－3

次の取引について，人名勘定を用いて仕訳しなさい。

① 岡山商事から商品¥10,000を仕入れ，代金は掛けとした。

（借）	仕　入	10,000	（貸）	岡山商事	10,000

② 熊本商事から商品¥30,000を仕入れ，代金は掛けとした。

（借）	仕　入	30,000	（貸）	熊本商事	30,000

③ 上記②の商品のうち¥2,000分を欠損のため返品した。

（借）	熊本商事	2,000	（貸）	仕　入	2,000

④ 上記①の代金を現金で支払った。

（借）	岡山商事	10,000	（貸）	現　金	10,000

⑤ 上記②の代金を小切手を振り出して支払った。

（借）	熊本商事	28,000	（貸）	当座預金	28,000

一方で，得意先同様，仕入先が多数の場合，総勘定元帳に人名勘定を設けると勘定科目数が膨大になり，かえって不便な帳簿記録となってしまいます。そこで，総勘定元帳とは別に**買掛金元帳**（仕入先元帳）という補助簿を作成し，その中に人名勘定を設ける方法があります。この方法で「沖縄商事から商品¥1,000を掛けで仕入れた」という取引を処理すると以下のように記帳されます。

《仕訳帳》

（借）	仕　入	1,000	（貸）	買掛金	1,000

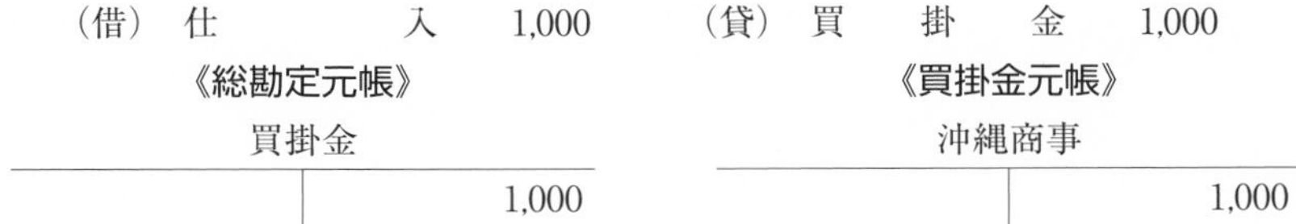

《総勘定元帳》
買掛金
1,000
《買掛金元帳》
沖縄商事
1,000

まずは，期中の取引の処理と同様，仕訳帳へ仕訳を記入し，総勘定元帳の買掛金勘定の貸方へ転記します。それと同時に，買掛金元帳の沖縄商事勘定の貸方へ記入します。

総勘定元帳とは別に補助簿である買掛金元帳を作成することにより，買掛金全体の増減は総勘定元帳で把握でき，各仕入先の明細は買掛金元帳で明らかになります。この場合，買掛金元帳の各人名勘定の借方合計の総額および貸方合計の総額は，総勘定元帳の買掛金勘定の借方合計および貸方合計とそれぞれ一致します。この場合，買掛金勘定も売掛金勘定同様，統制勘定の役割を担っています。

例題10－4

10月の各取引を仕訳し，総勘定元帳に転記するとともに，買掛金元帳に記入しなさい。なお，買掛金元帳は10月31日付で締め切ること。

10月1日　買掛金の前月繰越高は￥500,000（うち，株式会社京都商事￥380,000，株式会社兵庫商事￥120,000）である。

仕　訳　な　し

6日　株式会社京都商事から商品￥430,000，株式会社兵庫商事から商品￥250,000を仕入れ，代金はそれぞれ掛けとした。

（借）仕　　入　680,000　（貸）買　掛　金　680,000

9日　株式会社京都商事から仕入れた商品￥20,000（6日仕入分）に汚損があったため返品した。

（借）買　掛　金　20,000　（貸）仕　　入　20,000

18日　株式会社兵庫商事から商品￥120,000を仕入れ，代金は掛けとした。

（借）仕　　入　120,000　（貸）買　掛　金　120,000

25日　株式会社京都商事への買掛金￥450,000，株式会社兵庫商事への買掛金￥300,000を小切手を振り出して支払った。

（借）買　掛　金　750,000　（貸）当座預金　750,000

総勘定元帳

買　掛　金

日付	摘要	金額	日付	摘要	金額
10/9	仕　入	20,000	10/1	前月繰越	500,000
25	当座預金	750,000	6	仕　入	680,000
			18	仕　入	120,000

買掛金元帳

株式会社京都商事

X1年		摘　要	借　方	貸　方	借または貸	残　高
10	1	前月繰越		380,000	貸	380,000
	6	仕　入		430,000	〃	810,000
	9	返　品	20,000		〃	790,000
	25	支　払	450,000		〃	340,000
	31	次月繰越	340,000			
			810,000	810,000		
11	1	前月繰越		340,000	貸	340,000

株式会社兵庫商事

X1年		摘　要	借　方	貸　方	借または貸	残　高
10	1	前月繰越		120,000	貸	120,000
	6	仕　入		250,000	〃	370,000
	18	仕　入		120,000	〃	490,000
	25	支　払	300,000		〃	190,000
	31	次月繰越	190,000			
			490,000	490,000		
11	1	前月繰越		190,000	貸	190,000

3　売掛金明細表と買掛金明細表

売掛金および買掛金は，補助簿を作成する場合，総勘定元帳の売掛金勘定および買掛金勘定へ転記されると同時に取引先ごとの明細を明らかにするために売掛金元帳および買掛金元帳に記帳されます。

したがって，総勘定元帳の売掛金勘定および買掛金勘定へ転記された取引が，売掛金元帳・買掛金元帳の各人名勘定に正確に記帳されているかどうかを検証するため，得意先の売掛金残高が一覧表となっている**売掛金明細表**，仕入先の買掛金残高が一覧表となっている**買掛金明細表**を作成することがあります。これを作成することにより，総勘定元帳の売掛金残高（買掛金残高）と売掛金元帳（買掛金元帳）の各人名勘定の残高合計が一致しているかどうかを確かめることができます。さらに，明細表自体を得意先あるいは仕入先別の残高一覧表として利用することもできます。

例題10－5

例題10－2と**例題10－4**に基づいて売掛金明細表と買掛金明細表を作成しなさい。

売掛金明細表

	10月1日	10月31日
株式会社佐賀商事	¥120,000	¥100,000
株式会社大分商事	200,000	50,000
	¥320,000	¥150,000

買掛金明細表

	10月1日	10月31日
株式会社京都商事	¥380,000	¥340,000
株式会社兵庫商事	120,000	190,000
	¥500,000	¥530,000

4　クレジット売掛金

商品を販売するとき，代金をクレジット・カード払いによる決済で受け取ることがあります。この場合，商品を販売した側は，後日，クレジット・カード会社から一定の手数料を差し引かれた残額を受け取ることになります。これを掛取引とは区別して，**クレジット売掛金勘定**（資産）に記帳します。また，クレジット・カード会社に対して支払う手数料は，**支払手数料勘定**（費用）で処理します。なお，購入者は，後日，銀行口座引き落とし等の方法によりクレジット・カード会社に対して代金を支払うことになります。

例題10－6

次の取引を仕訳しなさい。

(1)　クレジット払いの条件で，商品￥50,000を販売した。なお，クレジット・カード会社への手数料は販売代金の４％であり，商品販売時に認識している。

（借）	クレジット売掛金	48,000	（貸）	売　　　上	50,000
	支 払 手 数 料	2,000			

(2)　クレジット・カード会社から上記①の代金が当座預金に振り込まれた。

（借）	当　座　預　金	48,000	（貸）	クレジット売掛金	48,000

5　前払金と前受金

商品売買において，その契約を確実に行うために，商品の受け渡しに先立ち代金の一部（または全部）を手付金（内金）として支払うあるいは受け取ることがあります。

この場合，代金の一部（または全部）を支払った側は，支払った額を**前払金勘定**（資産）の借方に記帳します。これは，後日商品を受け取る権利を意味します。その後，商品を受け取ったときには，前払金勘定の貸方に記帳します。

一方，代金の一部（または全部）を受け取った側は，受け取った額を**前受金勘定**（負債）の貸方に記帳します。これは，後日商品を引き渡す義務を意味します。その後，実際に商品を引き渡したときには，前受金勘定の借方に記帳します。

例題10－7

次の取引を仕訳しなさい。

(1) 株式会社福岡商事は株式会社愛知商事に商品¥800,000を発注し，手付金として現金¥80,000を支払った。

（株式会社福岡商事の仕訳）

（借）	前払金	80,000	（貸）	現金	80,000

（株式会社愛知商事の仕訳）

（借）	現金	80,000	（貸）	前受金	80,000

(2) 株式会社福岡商事は株式会社愛知商事から上記①の商品を仕入れ，手付金を差し引いた残額は掛けとした。

（株式会社福岡商事の仕訳）

（借）	仕入	800,000	（貸）	前払金	80,000
				買掛金	720,000

（株式会社愛知商事の仕訳）

（借）	前受金	80,000	（貸）	売上	800,000
	売掛金	720,000			

6 証ひょうからの仕訳

取引は，取引の事実を証明する書類である請求書や領収書に基づいて帳簿に記録する必要があります。この書類は証ひょう（証憑）とよばれます。証ひょうには，商品の納品と同時に送付する書類である納品書，代金の支払いを依頼するための書類である請求書および代金の受取りを証明するための書類である領収書等があります。

通常の場合，売掛金および買掛金の発生は，売主が買主に請求書を作成・交付することによって記録されます。一方，売掛金および買掛金の決済は領収書を作成・交付することによって記録されます。

以下では，証ひょうからの仕訳を例題にそって説明することにします。

例題10－8

次の証ひょうについて，株式会社福岡商事と株式会社長崎商店における仕訳を示しなさい。

(1)　福岡商事は，長崎商店に商品を売り上げ，下記の請求書を送付し，長崎商店は商品を仕入れ，同請求書を受け取った。

請　　求　　書

株式会社長崎商店　御中

株式会社福岡商事

発行日　X1年7月29日

品　　目	数量	単　　価	金　　額
商品A	30	¥200	¥6,000
商品B	20	¥400	¥8,000
	合　　計		¥14,000

※X1年8月31日までに合計額を下記口座にお振込みください。

○○銀行本店　普通　×××××××　カ）フクオカショウジ

福岡商事の仕訳

（借）売　掛　金　14,000　　（貸）売　　　上　14,000

長崎商店の仕訳

（借）仕　　　入　14,000　　（貸）買　掛　金　14,000

(2)　長崎商店は，(1)の請求書に従い，同社の当座預金口座から福岡商事の普通預金口座への振込みを完了し，福岡商事から下記の領収書を受け取った。

領　　収　　書

株式会社長崎商店　御中

発行日　X1年8月31日

下記の合計金額を領収いたしました。

品　　目	数量	単　　価	金　　額
商品A	30	¥200	¥6,000
商品B	20	¥400	¥8,000
	合　　計		¥14,000

株式会社福岡商事　印

福岡商事の仕訳

（借）	普通預金	14,000	（貸）	売掛金	14,000

長崎商店の仕訳

（借）	買掛金	14,000	（貸）	当座預金	14,000

■ 練習問題10 ■

1　次の取引を仕訳しなさい。

(1)　株式会社大阪商事から商品￥120,000を仕入れ，代金は掛けとした。なお，引取運賃￥2,000は現金で支払った。

(2)　株式会社山口商事へ商品￥80,000を販売し，代金は掛けとした。なお，当方負担の運賃￥1,500は現金で支払った。

(3)　上記(1)の代金を小切手を振り出して支払った。

(4)　上記(2)のうち商品￥10,000が品違いのため返品された。

(5)　上記(2)の代金を同店振り出しの小切手で受け取った。

2　4月の取引を仕訳し，総勘定元帳の売掛金勘定と買掛金勘定に転記するとともに，補助元帳の売掛金元帳と買掛金元帳に記入し，売掛金明細表と買掛金明細表を作成しなさい。なお，補助元帳のみ締め切ること。

4月1日　売掛金の前月繰越高は￥180,000（うち，株式会社佐賀商事￥80,000，株式会社大分商事￥100,000），買掛金の前月繰越高は￥220,000（うち，株式会社京都商事￥100,000，株式会社兵庫商事￥120,000）である。

2日　株式会社京都商事から商品￥400,000を仕入れ，代金は掛けとした。

4日　株式会社佐賀商事へ商品￥380,000を販売し，代金は掛けとした。

5日　株式会社大分商事へ商品￥600,000を販売し，代金のうち￥200,000は現金で受け取り，残りは掛けとした。

7日　株式会社佐賀商事へ4月4日に販売した商品のうち，￥30,000が破損のため返品された。

9日　株式会社兵庫商事から商品￥700,000を仕入れ，代金は掛けとした。

11日　株式会社兵庫商事から仕入れた商品のうち￥100,000が品違いだったため返品した。

14日　株式会社佐賀商事への売掛金￥350,000を同店振り出しの小切手で受け取った。

16日　株式会社京都商事から商品￥800,000を仕入れ，代金は掛けとした。

19日　株式会社大分商事へ商品￥500,000を販売し，代金は掛けとした。

20日　株式会社大分商事への売掛金￥700,000が当座預金口座へ振り込まれた旨の通知を受けた。

25日　株式会社京都商事への買掛金￥1,000,000，株式会社兵庫商事への買掛金￥500,000をそれぞれ小切手を振り出して支払った。

3　次の取引を仕訳しなさい。

(1)　商品￥80,000を販売し，代金うち￥20,000は現金で受け取り，残額はクレジット・カードによる決済であった。なお，クレジット・カード会社への手数料は販売代金の５％であり，商品販売時に認識している。

(2)　クレジット・カード会社から上記(1)の代金が普通預金口座に振り込まれた。

(3)　商品￥100,000を発注し，手付金として現金￥15,000を支払った。

(4)　上記(3)の商品を仕入れ，手付金との差額は掛けとした。

(5)　商品￥80,000を売り上げ，代金のうち￥10,000は注文時に受け取っていた手付金と相殺し，残額はクレジット・カードによる決済であった。なお，クレジット・カード会社への手数料は販売代金の５％であり，商品販売時に認識している。

4　次の証ひょうに基づき，仕訳を行いなさい。

(1)　以前掛けで沖縄商店から仕入れていた商品代金の決済をするために，当社の普通預金口座から，沖縄商店の当座預金口座に振込を行い，沖縄商店から下記の領収書を受け取った。

領　収　書

株式会社福岡商事　御中

発行日　X１年９月10日

下記の合計金額を領収いたしました。

品　　目	数量	単　　価	金　　額
商品A	30	¥700	¥21,000
商品B	40	¥500	¥20,000
	合　　計		¥41,000

株式会社沖縄商店　印

(2)　販売目的の自動車を1,000,000円で購入し，下記の請求書が送付されてきた。なお，当社は自動車販売業を営んでいる。

請　求　書

株式会社福岡商事　御中

株式会社鹿児島商店

発行日　X２年２月12日

品　　目	数量	単　　価	金　　額
軽トラック	1	¥1,000,000	¥1,000,000
	合　　計		¥1,000,000

※X２年３月31日までに合計額を下記口座にお振込みください。

○○銀行本店　普通　××××××× カ）カゴシマショウテン

第11章

その他の債権・債務

1　貸付金と借入金

借用証書により金銭を貸借したときに生じる債権は**貸付金勘定**（資産）で処理し，債務は**借入金勘定**（負債）で処理します。

また，金銭の貸借に伴って発生する利息は，**受取利息勘定**（収益）の貸方，**支払利息勘定**（費用）の借方に記入します。

なお，役員に対する貸付金・借入金は，通常の貸付金・借入金と区別するため，**役員貸付金勘定**（資産）・**役員借入金勘定**（負債）で処理します。

例題11－1

次の取引を仕訳しなさい。

(1)　鹿児島株式会社に借用証書により現金¥300,000を貸し付けた。

＜当　社＞

（借）	貸　付　金	300,000	（貸）	現　　　金	300,000

＜鹿児島株式会社＞

（借）	現　　　金	300,000	（貸）	借　入　金	300,000

(2)　上記の貸付金を利息¥4,000とともに現金で返済を受けた。

＜当　社＞

（借）	現　　　金	304,000	（貸）	貸　付　金	300,000
				受取利息	4,000

＜鹿児島株式会社＞

（借）	借　入　金	300,000	（貸）	現　　　金	304,000
	支払利息	4,000			

(3) 役員に対して，現金¥100,000を貸し付けた。
(借) 役員貸付金 100,000 (貸) 現 金 100,000

2 未収入金と未払金

営業活動の主目的である商品売買取引によって生じた債権は売掛金勘定で処理し，債務は買掛金勘定で処理しますが，商品以外の建物，備品，有価証券などを売買することによって生じた債権は**未収入金勘定**（資産）で処理し，債務は**未払金勘定**（負債）で処理します。

例題11－2

次の取引を仕訳しなさい。

(1) 帳簿価額¥5,000の備品を¥5,000で売却し，代金は後日受け取ることにした。
(借) 未収入金 5,000 (貸) 備 品 5,000

(2) 備品¥8,000を購入し，代金は後日支払うことにした。
(借) 備 品 8,000 (貸) 未払金 8,000

3 立替金と預り金

取引先や従業員などに一時的に金銭の立替えをしたときは，**立替金勘定**（資産）で処理し，一時的に金銭を預かったときは，**預り金勘定**（負債）で処理します。なお，従業員に対するものは，取引先に対するものと区別するために，**従業員立替金勘定**（資産）や**従業員預り金勘定**（負債）で処理します。また，従業員の給料に対して課税される所得税や従業員が負担する保険料については，**所得税預り金勘定**（負債）や**社会保険料預り金勘定**（負債）で処理します。なお，企業は従業員の健康保険料や厚生年金保険料などを半額分負担しています。この企業負担分の保険料は**法定福利費勘定**（費用）で処理します。

例題11－3

次の取引を仕訳しなさい。

(1)　従業員に給料の前貸しとして現金￥10,000を渡した。

(借)	従業員立替金	10,000	(貸)	現金	10,000

(2)　給料￥100,000を支払うにあたり，上記の立替金，所得税の源泉徴収額￥20,000および従業員負担の社会保険料￥12,000を差し引き，現金で支払った。

(借)	給料	100,000	(貸)	従業員立替金	10,000
				所得税預り金	20,000
				社会保険料預り金	12,000
				現金	58,000

(3)　所得税の源泉徴収額￥20,000を税務署に現金で納付した。

(借)	所得税預り金	20,000	(貸)	現金	20,000

(4)　社会保険料について，上記の従業員負担分と企業負担分￥12,000を現金で支払った。

(借)	社会保険料預り金	12,000	(貸)	現金	24,000
	法定福利費	12,000			

4　仮払金と仮受金

現金の受入れや支払いはあったものの，それを処理する勘定科目や金額が確定していない場合には，一時的に，入金は**仮受金勘定**（負債）で処理し，出金は**仮払金勘定**（資産）で処理します。後日，勘定科目や金額が確定したときに，該当する勘定科目へ振り替えます。

また，旅費交通費や消耗品費などをICカードによって支払った場合にも仮払金勘定を用いて処理します。たとえば，ICカードに旅費交通費の概算額を入金（チャージ）した場合には，仮払金勘定で処理し，実際にICカードによって支払った場合に，仮払金勘定から旅費交通費勘定に振り替えます。

例題11－4

次の一連の取引を仕訳しなさい。

(1)　社員の出張にあたり，旅費の概算額￥10,000を現金で支払った。

(借)	仮払金	10,000	(貸)	現金	10,000

(2)　出張中の社員から現金￥3,000の送金があったが，その内容は不明である。

(借)	現金	3,000	(貸)	仮受金	3,000

(3)　社員が出張から帰り，上記の送金額は売掛金の回収であることが判明した。

(借)	仮受金	3,000	(貸)	売掛金	3,000

(4)　旅費を精算して，残金￥1,000を現金で受け取った。

(借)	旅費交通費	9,000	(貸)	仮払金	10,000
	現金	1,000			

例題11－5

次の一連の取引を仕訳しなさい。

(1)　事業用のICカードに現金￥5,000を入金した。

(借)	仮払金	5,000	(貸)	現金	5,000

(2)　従業員が(1)のICカードで電車賃￥1,000を支払った。

(借)	旅費交通費	1,000	(貸)	仮払金	1,000

(3)　従業員が(1)のICカードで消耗品費（文具）￥2,000を支払った。

(借)	消耗品費	2,000	(貸)	仮払金	2,000

5　受取商品券

他社などが発行した商品券と引換えに商品を売り上げた場合は，**受取商品券勘定**（資産）で処理します。

例題11－6

次の取引を仕訳しなさい。

(1)　商品￥3,000を販売し，代金のうち￥2,000は他社発行の商品券を，残額は現金を受け取った。

（借）	受取商品券	2,000	（貸）	売　上	3,000
	現　金	1,000			

(2)　(1)の商品券￥2,000の決済を請求し，同額が普通預金口座に振り込まれた。

（借）	普通預金	2,000	（貸）	受取商品券	2,000

6　差入保証金

土地や建物などの賃借にあたり，敷金などの名目で保証金を差し入れた場合は，**差入保証金勘定**（資産）で処理します。

例題11－7

(1)　事務所用の建物賃借にあたり，敷金￥200,000を現金で支払った。

（借）	差入保証金	200,000	（貸）	現　金	200,000

(2)　建物賃借の契約を解除し，契約時に支払った敷金のうち，修繕費￥50,000を差し引いた残額が普通預金口座に振り込まれた。

（借）	普通預金	150,000	（貸）	差入保証金	200,000
	修繕費	50,000			

■ 練習問題11 ■

次の取引を仕訳しなさい。

⑴　借用証書によって現金￥300,000を貸し付けた。

⑵　上記の貸付金を利息￥2,000とともに小切手で受け取った。

⑶　現金￥150,000を借用証書によって借り入れ，利息￥1,000を差し引かれた金額を小切手で受け取った。

⑷　上記の借入金￥150,000を現金で返済した。

⑸　帳簿価額￥3,500の備品を￥3,500で売却し，代金は後日受け取ることにした。

⑹　事務用のキャビネットを購入し，代金￥35,000は月末に支払うことにした。

⑺　本月分の従業員の給料￥200,000の支払いに際し，源泉所得税￥12,000，健康保険料の預り金￥5,000，従業員に立替払いしていた￥6,000を差し引き，現金で支払った。

⑻　上記の源泉所得税￥12,000，健康保険料￥5,000および企業負担分の健康保険料￥5,000をあわせて小切手で支払った。

⑼　商品￥50,000を売り上げ，代金のうち￥30,000は自治体発行の商品券で受け取り，残額は現金で受け取った。

⑽　保有する他社発行の商品券￥20,000を精算し，現金で受け取った。

⑾　社員の出張に際し，旅費概算額として現金￥80,000を渡した。

⑿　上記の社員によって出張先から当店の当座預金口座に￥200,000の振込みがあったが，その内容は不明である。

⒀　上記の社員が帰社し，送金した￥200,000は売掛代金の回収であることが判明した。

⒁　上記の社員が旅費を精算し，残金￥12,000を現金で受け取った。

⒂　事業用のICカードへ￥5,000を入金した。

⒃　事業用のICカードで消耗品費￥3,000を支払った。

⒄　商品￥100,000を販売し，代金のうち￥50,000については他社が発行した商品券で受け取り，残額はクレジット払いとした。なお，クレジットカード会社への手数料としてクレジット決済額の２％を計上した。

⒅　事務所用の建物賃借にあたり，敷金￥300,000を現金で支払った。

第12章

受取手形と支払手形

1 手形の種類

商品の売買取引を行った場合，代金の決済手段として，現金や小切手のほかに，手形が用いられます。手形には，約束手形と為替手形があります。ただ，一般的には約束手形が用いられているため，本章では約束手形を説明することにし，為替手形については取り上げません。

手形の種類にかかわらず，通常の営業取引によって発生した手形債権は**受取手形勘定**（資産）で処理し，手形債務は**支払手形勘定**（負債）で処理します。

2 約束手形

約束手形とは，手形の振出人（支払人）が名宛人（受取人）に対して，一定の期日に一定の金額を支払うことを約束した証券です。約束手形の振出人は，手形を振り出すことによって手形債務者となり，名宛人はこれを受け取ることによって手形債権者となります。

No.　　　　約　束　手　形

収　入
印　紙

広島株式会社　殿

（金　額）　￥1,000,000※

X１年10月１日
振出地
住　所　太宰府市天満宮前１－１－10
振出人　株式会社　福岡商事

支払い期日	X１年11月30日
支払地	福岡市
支払場所	○○銀行○○支店

例題12－１

次の取引を仕訳しなさい。

5月1日　熊本株式会社に商品￥200,000を売り上げ，代金は熊本株式会社振り出し，当社宛の約束手形で受け取った。

＜当社＞

（借）受取手形　200,000　（貸）売　上　200,000

＜熊本株式会社＞

（借）仕　入　200,000　（貸）支払手形　200,000

6月30日　熊本株式会社から受け取った上記約束手形が期日となり，本日当座預金口座に振り込まれた旨，取引銀行から通知を受けた。

＜当社＞

（借）当座預金　200,000　（貸）受取手形　200,000

＜熊本株式会社＞

（借）支払手形　200,000　（貸）当座預金　200,000

3　受取手形記入帳と支払手形記入帳

手形債権と手形債務の発生・消滅についての明細を記録するための補助簿として，受取手形記入帳と支払手形記入帳が用いられます。

例題12－2

次の取引を仕訳し，受取手形記入帳および支払手形記入帳に記入しなさい。

3月5日　広島株式会社に対する売掛金¥220,000を同社振出しの約束手形（#27，振出日3月5日，支払日4月10日，支払場所：南北銀行）で受け取った。

（借）受取手形　220,000　（貸）売掛金　220,000

7日　鹿児島株式会社から商品¥300,000を仕入れ，代金は約束手形（#8，振出日3月7日，支払日5月10日，支払場所：南北銀行）を振り出して支払った。

（借）仕入　300,000　（貸）支払手形　300,000

25日　沖縄株式会社に対する買掛金¥450,000を支払うため，約束手形（#47，振出日3月25日，支払日4月25日，支払場所：北東銀行）を振り出して同社に渡した。

（借）買掛金　450,000　（貸）支払手形　450,000

4月10日　取引銀行から，広島株式会社振出しの約束手形（#27）¥220,000が決済され，当座預金に入金された旨通知があった。

（借）当座預金　220,000　（貸）受取手形　220,000

4月18日　熊本株式会社に商品¥200,000を売り上げ，代金は同社振出の約束手形（#30，振出日4月18日，支払日4月30日，支払場所：中央銀行）で受け取った。

（借）受取手形　200,000　（貸）売上　200,000

4月25日　沖縄株式会社宛ての約束手形（#47）¥450,000が満期となり，当座預金口座から引き落とされた。

（借）支払手形　450,000　（貸）当座預金　450,000

4月30日　取引銀行から，熊本株式会社振出しの約束手形（#30）¥200,000が決済され，当座預金に入金された旨通知があった。

（借）当　座　預　金　200,000　（貸）受　取　手　形　200,000

受取手形記入帳

X1年		手形種類	手形番号	摘要	支払人	振出人または裏書人	振出日		満期日		支払場所	手形金額	てん末		
							月	日	月	日			月	日	摘要
3	5	約手	27	売掛金	広島株式会社	広島株式会社	3	5	4	10	南北銀行	220,000	4	10	入金
4	18	約手	30	売　上	熊本株式会社	熊本株式会社	4	18	4	30	中央銀行	200,000	4	30	入金

支払手形記入帳

X1年		手形種類	手形番号	摘要	受取人	振出人	振出日		満期日		支払場所	手形金額	てん末		
							月	日	月	日			月	日	摘要
3	7	約手	8	仕　入	鹿児島株式会社	当店	3	7	5	10	南北銀行	300,000			
3	25	約手	47	買掛金	沖縄株式会社	当店	3	25	4	25	北東銀行	450,000	4	25	支払

4　手形貸付金と手形借入金

借用証書の代わりに手形を振り出して金銭の貸借を行うことがあります。手形によって貸し付けを行った場合は，通常の営業取引で生じる手形と区別して，**手形貸付金勘定**（資産）で処理し，手形によって借入れを行った場合は，**手形借入金勘定**（負債）で処理します。

例題12－３

次の取引を仕訳しなさい。

(1)　沖縄株式会社は当社から現金¥500,000を借り入れ，同額の約束手形を振り出した。

＜沖縄株式会社＞

（借）現　　　　金　500,000　（貸）手 形 借 入 金　500,000

＜当　社＞

（借）手 形 貸 付 金　500,000　（貸）現　　　　金　500,000

(2)　上記借入金の返済期日が到来し，沖縄株式会社の当座預金口座から，利息¥15,000とともに引き落とされ，当社の当座預金口座に振り込まれた。

＜沖縄株式会社＞

（借）	手形借入金	500,000	（貸）	当座預金	515,000
	支払利息	15,000			

＜当　社＞

（借）	当座預金	515,000	（貸）	手形貸付金	500,000
				受取利息	15,000

5　電子記録債権と電子記録債務

手形に代わる決済手段として急速に普及しているのが電子記録債権です。電子記録債権を用いることによって，印紙税の負担を回避できること，紛失・盗難のリスクがないこと，期日が到来すれば自動決済されることなどのメリットがあります。

電子記録債権は，債権者または債務者が取引銀行を通じて電子債権記録機関に登録します。電子記録債権が登録されると，取引相手に通知され，その後，支払期日が到来すると銀行口座を通じて自動的に決済されます。

例題12－4

次の取引について，当社と熊本株式会社のそれぞれの仕訳を示しなさい。

(1)　熊本株式会社に商品￥33,000を販売し，代金は掛けとした。

＜当　社＞

（借）	売掛金	33,000	（貸）	売上	33,000

＜熊本株式会社＞

（借）	仕入	33,000	（貸）	買掛金	33,000

(2)　熊本株式会社に対する売掛金￥33,000について，電子債権記録機関に対して電子記録債権の発生記録の請求を行った。熊本株式会社は，電子債権記録機関から，電子記録債務の発生記録の通知を受け，これを承諾した。

＜当　社＞

（借）	電子記録債権	33,000	（貸）	売掛金	33,000

＜熊本株式会社＞

(借) 買　掛　金　33,000　(貸) 電子記録債務　33,000

(3) 電子記録債権の支払期日が到来し，当社の当座預金口座と熊本株式会社の普通預金口座を通じて決済された。

＜当　社＞

(借) 当座預金　33,000　(貸) 電子記録債権　33,000

＜熊本株式会社＞

(借) 電子記録債務　33,000　(貸) 普通預金　33,000

■ 練習問題12 ■

1　次の取引について，仕訳を示しなさい。

(1) 商品￥50,000を仕入れ，代金は約束手形を振り出して支払った。

(2) 取立てを依頼しておいた約束手形￥50,000が当座預金に入金された旨，取引銀行から通知を受けた。

2　次の取引を仕訳し，受取手形記入帳に記入しなさい。

10月5日　鹿児島株式会社に商品￥600,000を売り上げ，同社振出しの約束手形（#12，振出日10月5日，支払期日10月31日，支払場所；東西銀行）を受け取った。

15日　熊本株式会社に商品￥100,000を売り上げ，代金の回収として約束手形（#20，振出日10月15日，支払期日11月15日，支払場所；南北銀行）を受け取った。

31日　5日に受け取った約束手形#12が期日となり，手形代金が当座預金に入金された旨，取引銀行から通知があった。

3　次の取引を仕訳し，支払手形記入帳に記入しなさい。

11月3日　沖縄株式会社より商品￥250,000を仕入れ，代金のうち￥200,000は約束手形（#23，振出日11月3日，支払期日11月30日，支払場所；南北銀行）を振り出して支払い，残額は掛けとした。

20日　広島株式会社に対する買掛金を支払うため，約束手形￥150,000（＃11，振出日11月20日，支払期日12月20日，支払場所；南北銀行）を振り出して同社に渡した。

30日　南北銀行より約束手形＃23が満期日となり，当座預金口座により決済された旨通知があった。

4　次の取引を仕訳しなさい。

(1)　鹿児島株式会社へ￥1,200,000を貸し付け，同額の約束手形を受け取った。なお，貸付金は利息を差し引き，小切手を振り出して支払った。貸付期間は半年間で，年利５％である。

(2)　南北銀行から￥3,000,000を約束手形を振り出して借り入れ，利息を差し引かれた手取金を当座預金に預け入れた。借入期間は146日，年利６％である。

5　次の取引について，当社と鹿児島株式会社のそれぞれの仕訳を示しなさい。

(1)　鹿児島株式会社に対する売掛金￥120,000について，電子債権記録機関に対して電子記録債権の発生記録の請求を行った。鹿児島株式会社は，電子債権記録機関から，電子記録債務の発生記録の通知を受け，これを承諾した。

(2)　(1)の電子記録債権の支払期日が到来し，両社の普通預金口座を通じて決済された。

第13章

貸倒れ

1 貸倒れと貸倒損失

得意先の倒産などによる原因で売掛金，受取手形，電子記録債権などが回収できなくなることがあります。これを**貸倒れ**といいます。たとえば，売掛金の貸倒れが発生したときは，**貸倒損失勘定**（費用）を用いて，次のような仕訳をします。

（借）貸　倒　損　失　×××　　（貸）売　　掛　　金　×××

例題13－1

佐賀商店が倒産したため，同店に対する売掛金¥10,000が回収不能となった。

（借）貸　倒　損　失　10,000　　（貸）売　　掛　　金　10,000

2 貸倒れの見積りと貸倒引当金の設定

(1) 貸倒れの見積り

決算日における売掛金などの中には，次期に貸し倒れてしまう部分があるので，売掛金勘定の残高は次期の回収可能額を示していません。よって，売掛金を減額する処理が必要になります。しかし，決算日の段階では売掛金はまだ貸し倒れていないので，売掛金を直接減額することはできません。そこで，決算時において過去に貸倒れが発生した割合を示す貸倒実績率などに基づいて貸倒れの予想額を見積もり，その額を**貸倒引当金**として計上します。貸倒引当金は売掛金などの債権に対する間接的な控除項目（**評価勘定**といいます）の役割を果たします。たとえば，売掛金が¥100,000あり，貸倒実績率が２％だった場合，売掛金の貸倒れ予想額（貸倒引当金）は¥2,000（¥100,000×２％）となり，売掛金の回収可能額は¥98,000となります。以下にこの例の関係図を示します。

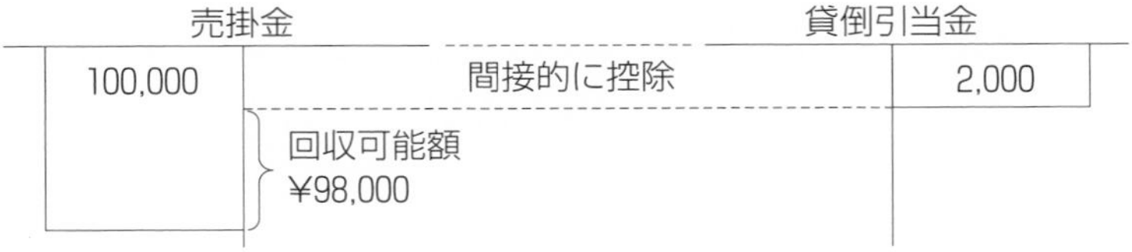

売掛金　　　　貸倒引当金

売掛金		貸倒引当金
100,000	間接的に控除	2,000
回収可能額 ¥98,000		

決算で貸倒引当金を設定するのは，次期以降に生じるおそれのある貸倒れの原因がすでに当期に発生していると考えるからです。そこで，将来発生する貸倒れの費用を当期の費用として認識するために**貸倒引当金繰入勘定**（費用）の借方に費用の発生を示すと同時に貸倒引当金勘定の貸方に見積額を計上します。

例題13－２

決算に際して，売掛金残高¥50,000に対して，過去の貸倒実績率に基づき，２%の貸倒れを見積もった。

（借）貸倒引当金繰入　1,000　（貸）貸 倒 引 当 金　1,000

そして，貸倒引当金を当期に設定しておき，次期以降に貸倒れが発生した場合は貸倒引当金を取り崩すとともに売掛金などを減額する処理をします。

例題13－３

得意先である福島商店が倒産したため，同店に対する売掛金¥1,000が回収不能となった。ただし，貸倒引当金勘定残高が¥1,500ある。

（借）貸 倒 引 当 金　1,000　（貸）売　　掛　　金　1,000

ただし，貸し倒れた金額が貸倒引当金残高を超える場合，その超えた額は貸倒損失で処理することとなります。

例題13－4

得意先である岩手商店が倒産したため，同店に対する売掛金¥20,000が回収不能となった。ただし，貸倒引当金勘定残高が¥5,000ある。

（借）	貸倒引当金	5,000	（貸）	売掛金	20,000
	貸倒損失	15,000			

⑵　差額補充法

決算時に貸倒引当金を設定する際，貸倒引当金に残高がある場合，貸倒見積額から貸倒引当金残高を差し引いた額を貸倒引当金として設定します。この方法を**差額補充法**といいます。

例題13－5

決算に際して，売掛金残高¥50,000に対して，過去の貸倒実績率に基づき，3%の貸倒れを見積もった。ただし，貸倒引当金勘定残高が¥500ある。

（借）	貸倒引当金繰入	1,000	（貸）	貸倒引当金	1,000

例題13－5の状況を図で示すと，以下のようになります。

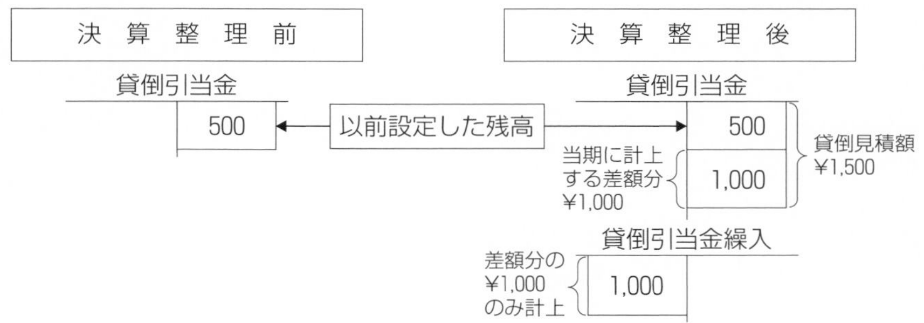

一方，貸倒れの見積額が以前に設定した貸倒引当金の残高より少ない場合は，貸倒引当金が過大に計上されていることになるので，貸倒引当金勘定を減額すると同時に，**貸倒引当金戻入勘定**（収益）の貸方に記入します。

例題13－6

決算に際して，売掛金残高¥60,000に対して，過去の貸倒実績率に基づき，２%の貸倒れを見積もった。ただし，貸倒引当金勘定残高が¥2,500ある。

（借）	貸倒引当金	1,300	（貸）	貸倒引当金戻入	1,300

当期に生じた売掛金等の貸倒れ

当期に生じた売掛金等が回収不能となった場合は，貸倒損失勘定を使用します。貸倒引当金勘定は前期以前の売掛金等に対して設定したものであるため，当期に生じた売掛金等が貸し倒れた際に，たとえ貸倒引当金勘定に残高があったとしても，貸倒引当金を取り崩すことはできません。

(3) 償却債権取立益

前期以前に，貸倒れとして処理されていた売掛金などの債権を回収できた際には，その回収額を売掛金などで処理せず，**償却債権取立益**（収益）勘定の貸方に記入します。償却債権取立益は，償却（費用化）した債権が取り立てられて利益になったことをあらわす科目です。

例題13－7

前期に貸倒れとして処理した茨城商店への売掛金¥70,000のうち¥50,000のみ現金で回収した。

（借）	現金	50,000	（貸）	償却債権取立益	50,000

■ 練習問題13 ■

次の取引の仕訳を示しなさい。

(1) 得意先が倒産したため，同店に対する売掛金¥100,000が貸倒れとなった。なお，当社は貸倒引当金を設定していない。

(2) 決算に際して，受取手形残高¥500,000に対して，過去の貸倒実積率に基づき，２%の貸倒れを見積もった。

(3) 得意先が倒産したため，同社に対する売掛金¥25,000が貸倒れとなった。ただし，貸倒引当金勘定残高が¥30,000ある。

(4) 得意先が倒産したため，同社に対する売掛金¥50,000が貸倒れとなった。ただし，貸倒引当金勘定残高が¥30,000ある。

(5) 決算に際して，売掛金残高¥300,000に対して，過去の貸倒実積率に基づき，３%の貸倒れを見積もった。ただし，貸倒引当金勘定残高が¥2,000ある。

(6) 決算に際して，売掛金残高¥200,000および受取手形残高¥200,000に対して，過去の貸倒実積率に基づき，２%の貸倒れを見積もった。ただし，貸倒引当金勘定残高が¥3,000ある。

(7) 決算に際して，売掛金残高¥800,000に対して，過去の貸倒実積率に基づき，1%の貸倒れを見積もった。ただし，貸倒引当金勘定残高が¥14,000ある。

(8) 前期に貸倒れとして処理した売掛金の一部¥30,000が現金で回収された。

第 14 章

有形固定資産

1　有形固定資産の取得

現金および1年以内に現金化することができるものを流動資産というのに対し，1年を超える長期にわたって保有し使用・利用され簡単には現金化できないものを固定資産といいます。

固定資産は，具体的な形を有し目に見える「有形固定資産」，形をもたず目に見えない「無形固定資産」および有形固定資産・無形固定資産に属しない固定資産である「投資その他の資産」の3つに分類されます。

ここでは，有形固定資産について学習します。有形固定資産には，備品，建物，車両運搬具，および土地などが含まれます。

(1)　有形固定資産の取得の処理

有形固定資産の取得にあたっては，その種類を示す勘定の借方に取得原価を記入します。この時，有形固定資産の取得原価には，その本体自体の買入価額に，これを使用できる状態にするまでに発生した諸費用である付随費用を加えます。具体的には，付随費用は引取運賃，据付費，登録手数料，登記料，および仲介手数料などです。

有形固定資産の取得原価

＝　買入価額　＋　付随費用

（有形固定資産本体）　（引取運賃，登録手数料など）

例題14－1

次の取引を仕訳しなさい。

(1) 営業用の自動車¥2,500,000を購入し，代金は登録手数料などの付随費用¥200,000とともに現金で支払った。

(借)	車両運搬具	2,700,000	(貸)	現　　　金	2,700,000

(2) 1㎡につき¥1,000の土地を工場用地として1,000㎡購入し，代金は月末に支払うことにした。なお，仲介手数料などの付随費用¥100,000については現金で支払った。

(借)	土　　　地	1,100,000	(貸)	未　払　金	1,000,000
				現　　　金	100,000

(2) 資本的支出と収益的支出

一般的に，有形固定資産は長期にわたって保有されるために，補修や修繕が行われることが多々あります。有形固定資産の補修や修繕に伴う支出は，その性質によって処理が異なります。

有形固定資産の補修や修繕において，その機能を向上させ価値を高めるような支出を**資本的支出**といいます。すなわち，有形固定資産の改良につながる支出といえます。資本的支出がなされた場合には，有形固定資産の経済的価値が増大したり，その耐用年数が延長されたりします。この時は，資本的支出と認められる金額が，有形固定資産の取得原価に加算されます。

資本的支出の処理では，支出された金額が有形固定資産を示す勘定の借方に記入されることになります。

また，有形固定資産の現状維持のための支出，あるいは原状回復のための支出がなされた時は，その支出された金額を**修繕費勘定**（費用）の借方に記入されます。このような支出を**収益的支出**といいます。

例題14－2

次の取引を仕訳しなさい。

(1)　建物の窓ガラスが割れたため，取り替えた。なお，この取り替えにあたり，業者に代金￥30,000を現金で支払った。

（借）修　繕　費　30,000　（貸）現　　金　30,000

(2)　店舗を増築し，その工事費用￥200,000は月末に支払うことにした。なお，この増築により，店舗の価値が増大した。

（借）建　　物　200,000　（貸）未　払　金　200,000

2　有形固定資産の売却

企業にとって不必要となった有形固定資産は，売却されることもあります。有形固定資産が売却される時は，その売却価額と帳簿価額との差額として，固定資産売却益あるいは固定資産売却損が生じます。ここで，帳簿価額とは，帳簿に記載されている金額のことです。

(1)　売却価額＞帳簿価額の場合

有形固定資産の売却価額と帳簿価額とを比較して，売却価額の方が大きい場合は固定資産売却益が生じます。この時，有形固定資産を示す勘定の貸方に帳簿価額を記入するとともに，固定資産売却益勘定（収益）の貸方に売却価額と帳簿価額との差額を記入します。

(2)　売却価額＜帳簿価額の場合

有形固定資産の売却価額と帳簿価額とを比較して，帳簿価額の方が大きい場合は固定資産売却損が生じます。この時，有形固定資産を示す勘定の貸方に帳簿価額を記入するとともに，固定資産売却損勘定（費用）の借方に売却価額と帳簿価額との差額を記入します。

例題14－3

次の連続する取引を仕訳しなさい。

(1) 工場用地として，土地1,000㎡を１㎡当たり￥5,000で購入し，代金は仲介手数料￥500,000とともに現金で支払った。

(借)	土　　　地	5,500,000	(貸)	現　　　金	5,500,000

(2) 上記(1)の土地の２分の１を１㎡当たり￥7,000で売却し，代金は月末に受け取ることにした。

(借)	未 収 入 金	3,500,000	(貸)	土　　　地	2,750,000
				固定資産売却益	750,000

例題14－4

次の取引を仕訳しなさい。

営業用の自動車（帳簿価額￥1,750,000）を￥1,000,000で売却し，代金は小切手で受け取った。

(借)	現　　　金	1,000,000	(貸)	車 両 運 搬 具	1,750,000
	固定資産売却損	750,000			

3　減価償却

有形固定資産は，使用，陳腐化，あるいは時の経過などを原因として，その価値が減少していきます。そのために，決算において，この価値の減少分を**減価償却費**として計上することによって，有形固定資産の価値を減少させます。この処理を**減価償却**といいます。土地以外の有形固定資産に対して，減価償却は決算ごとに行われます。

(1) 減価償却費の計算

減価償却費の計上にあたっては，有形固定資産の価値の減少分を見積もり計算しなければなりません。この計算方法は，定額法，定率法，および生産高比例法などいくつかありますが，ここでは定額法を学習します。

定額法では，次のように有形固定資産の取得原価から残存価額を差し引いて，これを耐用年数で割ることで減価償却費が算出されます。

$$\text{減価償却費} = \frac{\text{取得原価} \quad - \quad \text{残存価額}}{\text{耐用年数}}$$

ここで，取得原価とは前にも説明したように，有形固定資産の買入価額と付随費用との合計額です。

耐用年数とは，有形固定資産の使用可能年数です。使用期間の見積り年数といえるでしょう。実務上においては，税法に規定された年数に従うことになります。

残存価額とは，耐用年数経過後の有形固定資産の価値です。使用後に処分する際の見積り額といえるでしょう。

なお，ここに示した減価償却費の算定式では，１会計期間の金額が計算されます。したがって，会計期間の途中で有形固定資産が購入あるいは売却された時には，月割計算が行われます。

(2)　減価償却費の記帳

減価償却費の処理にあたっては，計算された減価償却費の金額を減価償却費勘定（費用）の借方に記入するとともに，同額を**減価償却累計額勘定**（評価勘定：資産の金額を減額するために用いられる勘定）の貸方に記入します。この場合，有形固定資産を示す勘定の残高は，基本的にその取得原価のままです。この処理が行われるならば，決算ごとに有形固定資産の価値の減少分である減価償却費が費用として計上されるとともに，同額が減価償却累計額勘定に累加されていくことになります。

したがって，減価償却の処理がなされる有形固定資産の帳簿価額は，有形固定資産を示す勘定残高から減価償却費の累加額である減価償却累計額勘定の残高を差し引いた金額となることには注意しなければなりません。

なお，複数の有形固定資産が所有されている場合は，減価償却累計額勘定はその種類ごとに設定されます。したがって，○○減価償却累計額のように，その冒頭に有形固定資産の名称が付されます。

例題14－5

次の取引を仕訳しなさい。

X１年４月１日に購入した備品（取得原価￥500,000，耐用年数５年，残存価額ゼロ）を，決算（X２年３月31日）において，定額法により減価償却を行った。

（借）	減価償却費	100,000	（貸）	減価償却累計額	100,000

例題14－6

次の取引を仕訳しなさい。

営業用の自動車（取得原価￥1,200,000，減価償却累計額￥800,000）を，￥100,000で売却した，代金は，現金で受け取り，ただちに当座預金とした。

（借）	減価償却累計額	800,000	（貸）	車両運搬具	1,200,000
	当座預金	100,000			
	固定資産売却損	300,000			

4 固定資産台帳

所有している有形固定資産については，その取得，売却，および減価償却などの情報を記録するために，固定資産台帳が備えられることがあります。この固定資産台帳は，有形固定資産を管理するための補助簿といえます。

固定資産台帳には，決められたフォームはありませんが，おおむね有形固定資産の種類・用途，数量，取得年月日，取得原価，耐用年数，残存価額，減価償却の方法などの有形固定資産についての明細，さらに減価償却費や減価償却累計額の金額などの減価償却についての情報が記載されます。

固定資産台帳には決まったフォームがないために，さまざまな形式のものが考えられますが，大別するならば所有している有形固定資産を個々に記録するタイプと類似する種類ごとに記録するタイプとに分けられるでしょう。それぞれのタイプを次に示します。

①　個々の有形固定資産を記録するタイプ

固定資産台帳

種類	車両運搬具	取得原価	¥3,000,000
用途	営業用	耐用年数	6年
数量	1台	残存価額	ゼロ
取得年月日	X0年4月1日	償却方法	定額法

年月日			摘要	取得原価	減価償却累計額	帳簿価額
X0	4	1	現金で購入	3,000,000	0	3,000,000
X1	3	31	減価償却費		500,000	2,500,000
X2	3	31	〃		500,000	2,000,000

決算（3月31日，年1回）

②　有形固定資産の種類ごとに記録するタイプ

固定資産台帳
X3年3月31日

取　得 年月日			種類・ 用途	耐用 年数	取得原価	期首減価償却 累　計　額	当　　期 減価償却費	期　　末 帳簿価額
X0	4	1	備品　A	5	150,000	60,000	30,000	60,000
X1	4	1	備品　B	3	150,000	50,000	50,000	50,000
X2	11	1	備品　C	5	300,000	0	60,000	240,000

例題14－7

次の固定資産台帳の（　）内に適切な用語や数字を記入し完成させなさい。なお，各建物の残存価額は，建物A：取得原価の10%，建物B：ゼロ，建物C：ゼロである。

固定資産台帳
X9年3月31日

取　得 年月日			種類・ 用途	耐用 年数	取得原価	期首減価償却 累　計　額	当　　期 減価償却費	期　　末 帳簿価額
X0	4	1	建物　A	30	3,000,000	720,000	（　　）	（　　）
X5	4	1	建物　B	25	2,500,000	300,000	（　　）	（　　）
X9	2	1	建物　C	10	1,200,000	0	（　　）	（　　）

〈解答〉

固定資産台帳

X９年3月31日

取得年月日			種類・用途	耐用年数	取得原価	期首減価償却累計額	当期減価償却費	期末帳簿価額
X０	4	1	建物　A	30	3,000,000	720,000	(90,000)	(2,190,000)
X５	4	1	建物　B	25	2,500,000	300,000	(100,000)	(2,100,000)
X９	2	1	建物　C	10	1,200,000	0	(20,000)	(1,180,000)

5　年次決算と月次決算

１年に１回，決算を行い企業の財政状態と経営成績を明らかにすることを，年次決算といいます。また，日々刻々と変化する経済状況に迅速に対応するために，タイムリーな情報を得る必要があります。そこで，１カ月ごとに決算を行うことがあります。これを，月次決算（げつじけっさん）といいます。

ここでは，月次決算における減価償却の処理を学習します。これまでに説明してきた減価償却の処理は，年次決算での処理です。すなわち，年１回の決算において，１年（12カ月）分の減価償却費を計算し，これを費用として計上しました。これに対し，月次決算における処理では，１年分の減価償却費の金額を12カ月で割って，この金額を減価償却費として計上します。この時計算された金額を，毎月減価償却費勘定の借方に記入するとともに，減価償却累計額勘定の貸方に記入します。

例題14－８

次の資料に基づいて，(1)年次決算を行っている場合と，(2)月次決算を行っている場合のX２年３月31日（決算日）の仕訳をしなさい。

資料

備品

取得年月日X１年４月１日　　取得原価￥600,000

残存価額ゼロ　耐用年数５年
決算日⑴３月31日，⑵毎月末

⑴	（借） 減価償却費	120,000	（貸）	減価償却累計額	120,000
⑵	（借） 減価償却費	10,000	（貸）	減価償却累計額	10,000

■ 練習問題14 ■

1　次の取引を仕訳しなさい。

⑴　工場として使用する建物￥100,000を購入し，代金は月末に支払うことにした。なお，仲介手数料￥2,000は現金で支払った。

⑵　１台￥30,000の事務用パソコン10台を購入し，代金は小切手を振り出して支払った。なお，引取運賃￥3,000は現金で支払った。

⑶　店舗用の土地100㎡を１㎡当たり￥1,000で購入し，代金は小切手を振り出して支払った。なお，仲介手数料￥1,000と登記料￥2,000は現金で支払った。

⑷　上記⑶の土地50㎡を１㎡当たり￥1,200で売却した。なお，代金は後日受け取ることになっている。

2　次の資料に基づいて，減価償却費を計上する仕訳をし，各勘定の（　　　　）に適切な語句あるいは金額を記入しなさい。

⑴　資料　取得日Ｘ１年４月１日　取得原価￥180,000　耐用年数６年
残存価額ゼロ　定額法で計算し，間接法で記帳すること
決算日（Ｘ２年３月31日）

⑵　資料　取得日Ｘ１年４月１日　取得原価￥180,000　耐用年数６年
残存価額は取得原価の10%　定額法で計算し，間接法で記帳すること
決算日（Ｘ２年３月31日）

3　次の資料に基づき，固定資産台帳の（　　　　）に適切な語句あるいは金額を記入しなさい。

資料

建物Ａ　取得原価￥700,000　　耐用年数35年
残存価額は取得原価の10％　　（取得年月日　Ｘ１年４月１日）

建物Ｂ　取得原価￥200,000　　耐用年数20年
残存価額ゼロ　　（取得年月日　Ｘ５年４月１日）

建物Ｃ　取得原価　￥300,000　　耐用年数25年
残存価額ゼロ　　（取得年月日　Ｘ６年11月１日）

４　次の取引を仕訳しなさい。

月末になったので，備品（取得原価　￥90,000，耐用年数　６年，残存価額　ゼロ）について，減価償却を行った。なお，当店では毎月末に月次決算を行っている。

第15章

伝　　票

1　仕訳と伝票

取引が発生したならば仕訳帳に仕訳すると，これまで説明してきました。しかし，伝票という紙片に記録することもあります。伝票に取引を記録することを，起票といいます。伝票を用いる取引記録システムは，伝票会計制度といわれます。

伝票会計制度では仕訳をしないために仕訳帳を用いませんが，取引を記録した伝票をファイルしておけば，これが仕訳帳の代わりとなります。

2　3伝票制

ここでは，さまざまな伝票会計制度の中で，３伝票制を学習していきます。

３伝票制では，現金の入手をともなう取引を記録する入金伝票，現金の支払いをともなう取引を記録する出金伝票，および現金の入手・支払いいずれもともなわない取引を記録する振替伝票の３種類の伝票を用います。まず，これら３種類の伝票への記録方法を説明します。なお，３伝票制の説明にあたっては，これまで取引の記録に用いてきた仕訳と比較しながら説明していくことにします。

(1)　入金伝票の記録方法

入金伝票には，現金の入手をともなう取引，いわゆる入金取引を記録します。入金取引においては，常に現金勘定の借方に入金額が記録されます。そのために，仕訳では，現金勘定は借方に記入されることになります。

入金伝票への記録では，仕訳におけるこの性質を利用して，現金勘定への記入を省略し，相手勘定科目と金額のみを記入することになります。

例題15－1

次の取引を仕訳し，入金伝票に記入しなさい。

X１年８月２日，商品¥5,000を売り上げ，代金は現金を受け取った。

入金伝票 X１年８月２日	
勘定科目	金額
売上	5,000

〈解説〉 取引を仕訳で表現すれば以下のようになります。

（借）現　　　　　金　5,000　　（貸）売　　　　　上　5,000

この仕訳と入金伝票の内容とを対応して確認してみましょう。入金伝票が用いられたこと自体が仕訳の借方勘定科目として現金勘定が記入されていることを意味し，また，仕訳の貸方勘定科目と同じ勘定科目を入金伝票に記入することで，仕訳と入金伝票の記載内容とは同一となり，取引内容を示していることになります。

(2) 出金伝票の記録方法

出金伝票には，現金の支払いをともなう取引，いわゆる出金取引を記録します。出金取引においては，常に現金勘定の貸方に支払額が記録されます。そのために，仕訳では，現金勘定は貸方に記入されることになります。

出金伝票への記録では，仕訳におけるこの性質を利用して，現金勘定の記入を省略し，相手勘定科目と金額のみを記入することになります。

例題15－2

次の取引を仕訳し，出金伝票に記入しなさい。

X１年９月２日，商品¥2,000を仕入れ，代金は現金で支払った。

出金伝票 X１年９月２日	
勘定科目	金額
仕入	2,000

〈解説〉　取引を仕訳で表現すれば以下のようになります。

（借）仕　　　　入　2,000　　（貸）現　　　　金　2,000

この仕訳と出金伝票の内容とを対応して確認してみましょう。出金伝票が用いられたこと自体が仕訳の貸方勘定科目として現金勘定が記入されていることを意味し，また，仕訳の借方勘定科目と同じ勘定科目を出金伝票に記入することで，仕訳と出金伝票の記載内容とは同一となり，取引内容を示すことになります。

(3)　振替伝票の記録方法

振替伝票には，現金の入手・支払いをともなわない取引，いわゆる振替取引を記録します。

振替伝票には，振替取引の仕訳と同様の内容が記入されます。すなわち，仕訳における借方の勘定科目・金額と貸方の勘定科目・金額を記入します。

例題15－3

次の取引を仕訳し，振替伝票を記入しなさい。

X１年10月３日，備品¥3,500を購入し，代金は月末に支払うことにした。

振替伝票 X１年10月３日			
勘定科目	金額	勘定科目	金額
備品	3,500	未払金	3,500

〈解説〉　取引を仕訳で表現すれば以下のようになります。

（借）備　　　　品　3,500　　（貸）未　払　金　3,500

この仕訳と振替伝票の内容とを対応して確認してみましょう。仕訳の借方勘定科目と同じ勘定科目が振替伝票の借方科目欄に，仕訳の貸方勘定科目と同じ勘定科目が振替伝票の貸方科目欄にそれぞれ記載されることで，仕訳と振替伝票の記載内容とは同一となり，取引内容を示すことになります。

⑷ 一部現金取引の記録方法

周知のように，取引においては入金取引あるいは出金取引と振替取引とが同時に発生することもあります。このような取引を，**一部現金取引**（**一部振替取引**）といいます。

通常，伝票会計制度では，１つの取引に対して１枚の伝票が起票されます。したがって，取引は借方および貸方にそれぞれ１つずつの勘定科目と金額を伝票に記入することになります。このことから，一部現金取引は伝票への記録が困難となります。

そのために，一部現金取引については，これを２つの取引により構成されると考え，それらの取引を個々それぞれに伝票に記録することにします。すなわち，一部現金取引では，２枚の伝票が起票されることになるのです。

この記録方法には，**取引を分解する方法**と**取引を擬制する方法**とがあります。それぞれについて説明します。

① 取引を分解する方法

取引を分解する方法では，一部現金取引の内容を入金取引あるいは出金取引をともなう取引と現金の入手・支払いをともなわない取引（振替取引）とに分解して，取引を把握します。

そして，入金取引あるいは出金取引として把握した部分は，入金伝票あるいは出金伝票に記入します。さらに，振替取引と把握した部分は，振替伝票に記入します。

② 取引を擬制する方法

取引を擬制する方法では，一部現金取引の内容をいったん，振替取引として把握し，その直後に入金取引あるいは出金取引が発生したものと考えます。

この処理方法でも，振替取引と把握した部分は振替伝票に，入金取引あるいは出金取引と把握した部分は入金伝票あるいは出金伝票に記入します。

例題15－4

次の取引について，(1)と(2)の入金伝票が作成されている。それぞれの振替伝票を作成しなさい。

X１年10月15日　商品￥10,000を売り上げ，代金は半額を現金で受け取り，残額は掛けとした。

(1)

入金伝票 X１年10月15日	
勘定科目	金額
売上	5,000

振替伝票 X１年10月15日			
勘定科目	金額	勘定科目	金額
売掛金	5,000	売上	5,000

(2)

入金伝票 X１年10月15日	
勘定科目	金額
売掛金	5,000

振替伝票 X１年10月15日			
勘定科目	金額	勘定科目	金額
売掛金	10,000	売上	10,000

〈解説〉

(1)は取引を分解する方法なので，１行しかない勘定を複数行ある勘定にあわせて増やすことが必要になります。つまり，貸方にある売上という勘定科目を借方の２行におよぶ勘定科目に合わせて，２行に分解し，その仕訳をもとに伝票を作成することになります。

（分解前の仕訳）

（借）	現　　　金	5,000	（貸）	売　　　上	10,000
	売　掛　金	5,000			

（分解後の仕訳）

（借）	現　　　金	5,000	（貸）	売　　　上	5,000
	売　掛　金	5,000		売　　　上	5,000

⑵は取引を擬制する方法（全額をいったん掛け取引にする方法）なので，本来，一部現金取引となる仕訳を全額掛け取引にします。そして，同時に掛け代金を現金で決済したと考えます。この２つの仕訳をもとに伝票を作成してください。

（擬制をする前の仕訳）

（借）	現　　　金	5,000	（貸）	売　　　上	10,000
	売　掛　金	5,000			

（擬制をした後の仕訳）

（借）	売　掛　金	10,000	（貸）	売　　　上	10,000
	現　　　金	5,000		売　掛　金	5,000

３　伝票の集計

⑴　仕訳集計表（日計表，週計表）の作成

簿記の一巡では，通常，取引が発生したならばこれを仕訳し，そして，総勘定元帳および補助簿に転記がなされます。

伝票会計制度では仕訳をしませんが，伝票が起票されればその内容は総勘定元帳および補助簿に転記されます。この場合の転記において，伝票１枚ごとに転記することを，**個別転記**といいます。それに対して，一定期間（１日，１週間，あるいは１カ月）分の伝票をまとめて転記することを**合計転記**といいます。

ここでは，合計転記にあたって伝票に記入された金額を，勘定科目ごとに集計する**仕訳集計表**の作成について学習します。この仕訳集計表には，１日分の伝票を集計する**仕訳日計表**，１週間分の伝票を集計する**仕訳週計表**，および１カ月分の伝票を集計する仕訳月計表があります。例として，仕訳日計表の

フォームを示しておきます。

仕訳日計表

X 1 年○月○日

借　方	元丁	勘定科目	元丁	貸　方

入金伝票に記入されている金額の集計額は，仕訳集計表に現金勘定としてその借方欄に記入されます。また，出金伝票に記入されている金額の集計額は，仕訳集計表に現金勘定としてその貸方欄に記入されます。

それぞれの出金伝票に記入されている金額と振替伝票の借方に記入されている金額は，それぞれの勘定科目ごとに集計し，仕訳集計表の借方欄に記入されます。また，入金伝票に記入されている金額と振替伝票の貸方に記入されている金額は，それぞれの勘定科目ごとに集計し，仕訳集計表の貸方欄に記入されます。

最後に，仕訳集計表の借方欄の金額と貸方欄の金額とを，それぞれに合算し，合計額の一致を確認します。このことにより，転記の正否を確認するのです。

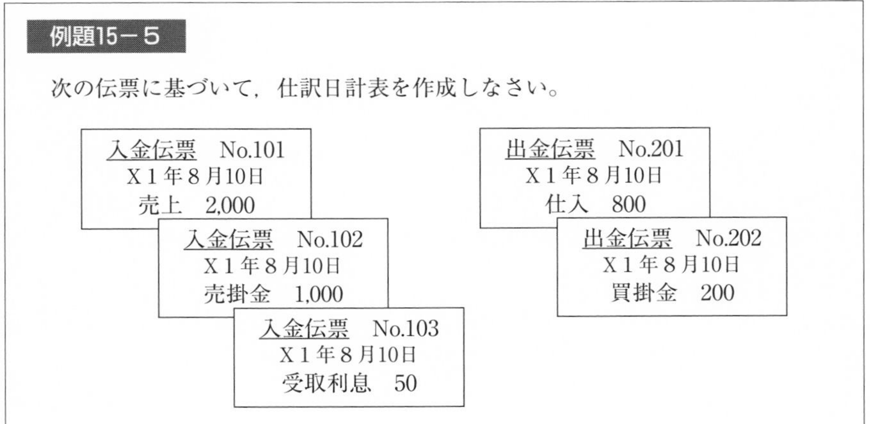

例題15－5

次の伝票に基づいて，仕訳日計表を作成しなさい。

入金伝票　No.101
X 1 年 8 月10日
売上　2,000

入金伝票　No.102
X 1 年 8 月10日
売掛金　1,000

入金伝票　No.103
X 1 年 8 月10日
受取利息　50

出金伝票　No.201
X 1 年 8 月10日
仕入　800

出金伝票　No.202
X 1 年 8 月10日
買掛金　200

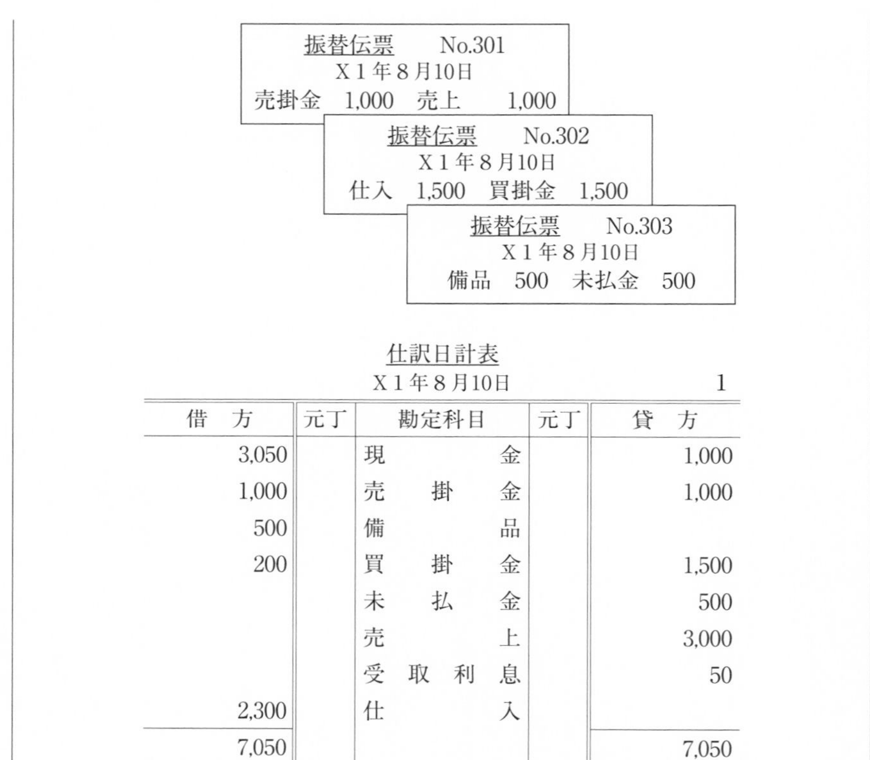

振替伝票　No.301
X１年８月10日
売掛金　1,000　売上　1,000

振替伝票　No.302
X１年８月10日
仕入　1,500　買掛金　1,500

振替伝票　No.303
X１年８月10日
備品　500　未払金　500

仕訳日計表
X１年８月10日　1

借　方	元丁	勘定科目	元丁	貸　方
3,050		現　　　金		1,000
1,000		売　掛　金		1,000
500		備　　　品		
200		買　掛　金		1,500
		未　払　金		500
		売　　　上		3,000
		受 取 利 息		50
2,300		仕　　　入		
7,050				7,050

(2)　総勘定元帳への転記

(1)で説明したように，総勘定元帳への転記は個別転記と合計転記とがあります。

個別転記では，伝票ごとに総勘定元帳に設定された各勘定に転記されます。この場合，仕訳の転記と同様に，各勘定の摘要欄には相手勘定科目が記入されます。それに対して，合計転記では，仕訳日計表や仕訳週計表などの仕訳集計表で集計された金額を各勘定に転記します。この時，各勘定の摘要欄には，仕訳日計表や仕訳週計表などの使用された仕訳集計表の名称が記入されます。また，仕訳集計表の元丁欄には，各勘定に付されている勘定番号が記入され，各勘定の仕丁欄には仕訳集計表のページ数が記入されます。

例題15－6

次の仕訳日計表に基づいて，各勘定に合計転記をしなさい。

仕訳日計表

X1年9月15日　　　　1

借　方	元丁	勘定科目	元丁	貸　方
15,000	1	現　　　金	1	12,000
		⋮		
1,500	20	買　掛　金	20	5,000
		⋮		

現　金　　　　1

X1年		摘要	仕丁	借方	X1年		摘要	仕丁	貸方
9	1	前月繰越	✓	×××	9	15	仕訳日計表	1	12,000
	15	仕訳日計表	1	15,000					

買掛金　　　　20

X1年		摘要	仕丁	借方	X1年		摘要	仕丁	貸方
9	15	仕訳日計表	1	1,500	9	1	前月繰越	✓	×××
						15	仕訳日計表	1	5,000

(3)　補助簿への転記

(1)でも説明しましたが，伝票会計制度においても，補助簿が用いられることがあります。一例として，補助簿の一種である補助元帳の売掛金元帳（得意先元帳）や買掛金元帳（仕入先元帳）を設定することで，伝票会計制度のもとで得意先に対する債権および仕入先に対する債務を管理できるようになります。ここでは，売掛金元帳および買掛金元帳への転記について，学習します。

また，補助元帳への転記にあたっては，総勘定元帳への合計転記が行われている場合でも，売掛金元帳および買掛金元帳に設定される人名勘定には個別転記が行われなければなりません。これは，補助元帳の性質が勘定記録の明細であり，個々の取引先の管理をするために必要とされるからです。

人名勘定への転記においては，その摘要欄に転記される伝票の名称を記入し，仕丁欄には伝票番号を記入します。

例題15－7

次の伝票を，売掛金元帳（熊本株式会社および宮崎株式会社）と買掛金元帳（大分株式会社と佐賀株式会社）に転記しなさい。

入金伝票　No.101
X１年10月９日
売掛金　1,000
（熊本株式会社）

入金伝票　No.102
X１年10月11日
売掛金　800
（宮崎株式会社）

出金伝票　No.201
X１年10月10日
買掛金　500
（大分株式会社）

出金伝票　No.202
X１年10月15日
買掛金　2,000
（佐賀株式会社）

振替伝票　No.301
X１年10月12日
売掛金　1,500　売上　1,500
（宮崎株式会社）

振替伝票　No.302
X１年10月13日
仕入　700　買掛金　700
（佐賀株式会社）

振替伝票　No.303
X１年10月15日
売掛金　2,500　売上　2,500
（熊本株式会社）

振替伝票　No.304
X１年10月25日
仕入　1,700　買掛金　1,700
（大分株式会社）

売掛金元帳

熊本株式会社　得1

X1年		摘要	仕丁	借方	X1年		摘要	仕丁	貸方
10	1	前月繰越	✓	×××	10	9	入金伝票	101	1,000
	15	振替伝票	303	2,500					

宮崎株式会社　得2

X1年		摘要	仕丁	借方	X1年		摘要	仕丁	貸方
10	1	前月繰越	✓	×××	10	11	入金伝票	102	800
	12	振替伝票	301	1,500					

買掛金元帳

大分株式会社　仕1

X1年		摘要	仕丁	借方	X1年		摘要	仕丁	貸方
10	10	出金伝票	201	500	10	1	前月繰越	✓	×××
						25	振替伝票	304	1,700

佐賀株式会社　仕2

X1年		摘要	仕丁	借方	X1年		摘要	仕丁	貸方
10	15	出金伝票	202	2,000	10	1	前月繰越	✓	×××
						13	振替伝票	302	700

■ 練習問題15 ■

1　次の(1)と(2)の取引について，入金取引がそれぞれ作成されている。振替伝票への記入をしなさい。

(1)　商品￥5,000を売り上げ，代金は現金￥3,000を受け取り，残額は掛けとした。

入金伝票	
勘定科目	金額
売上	3,000

(2) 商品¥15,000を売り上げ，代金は現金¥10,000を受け取り，残額は掛けとした。

入金伝票	
勘定科目	金額
売掛金	10,000

2 当店では３伝票制を採用しており，１日分の伝票を集計して仕訳日計表を作成している。次のＸ１年４月１日の伝票から仕訳日計表を作成し，総勘定元帳と得意先元帳に転記しなさい。なお，仕訳日計表の元丁欄は，現金勘定と売掛金勘定のみを記入すること。

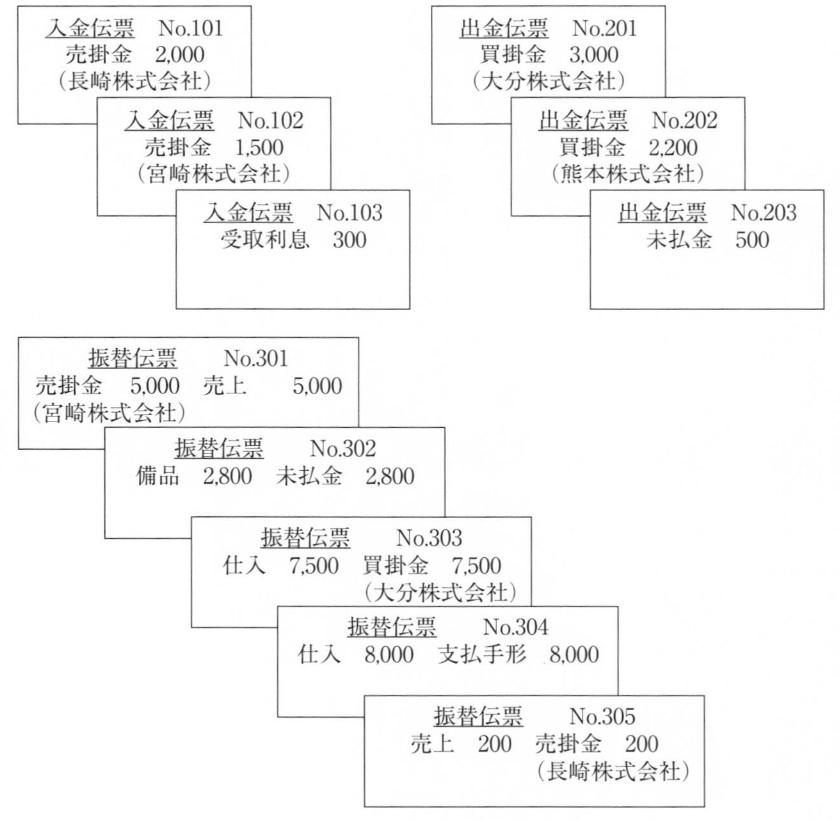

第16章

資　本

1　株式会社の設立と株式の発行

これまでの章では，主に，すでに設立された企業について，取引が財務諸表にもたらす影響を記録する方法（仕訳）を学習してきました。本章では，代表的な企業形態である株式会社に関して，その設立の仕組みや計上した利益を出資者である株主に還元する仕組みを学習します。

株式会社はその設立にあたって，出資しようとする者から金銭等の財産の払い込みを受けます。出資した者は，会社の所有者としての権利，つまり「株式」を取得します。株式を所有する者のことを株主とよびます。詳細な手続は「会社法」という法律で定められています。

株主から払い込まれた金額は貸借対照表の**資本金勘定**（資本（純資産））で処理されます。また，株式会社を設立した後，さらに資金を調達して資本金を充実させたい場合等に，追加で株式を発行し，新規の出資を募る場合があります。これを増資とよび，増資にともない受け入れた財産の払込額は，当初の株式発行時の払込と同様に資本金勘定を用いて処理されます。

このようにして株主から調達した資本金は，会社法の定めに従い，通常は取り崩すことができません。株式会社は，株主からの払込額に関する返還の義務を原則として負わないことに注意しましょう。この点は負債による資金調達と大きく異なるところです。

一方で，仮に会社が莫大な負債を抱えて倒産した場合，株主は，株式が無価値になることにともない，払い込んだ財産を失う可能性がありますが，払い込んだ財産以外の株主個人の財産を会社の負債の弁済に充当する必要はありません（株主の有限責任）。

例題16－1

次の取引について仕訳をしなさい。

⑴　株式会社福岡商事の設立にあたり，株式100株を１株当たり¥1,000で発行した。払い込まれた金額は全額を会社の当座預金に預け入れた。

（借）	当座預金	100,000	（貸）	資本金	100,000

⑵　株式会社福岡商事は，事業拡大のため，新たに株式20株を１株当たり¥1,500で発行した。払い込まれた金額は全額を会社の当座預金に預け入れた。

（借）	当座預金	30,000	（貸）	資本金	30,000

2　繰越利益剰余金

第７章ですでに見たように，決算にあたっては，収益に属する勘定と費用に属する勘定の金額を損益勘定に振り替え，さらに，損益勘定にて算出された収益と費用の差額，つまり当期における純利益（純損失）を貸借対照表の資本（純資産）勘定に振り替えます。株式会社では，この純利益（純損失）の資本（純資産）の勘定への振り替えを，**繰越利益剰余金勘定**（資本（純資産））を用いて行います。

繰越利益剰余金は，株式会社がこれまでの活動で得た成果である各期の純利益の蓄積であり，会社設立時や増資時に株主から払い込まれた金額（資本金）とはその性質が異なりますから，資本金と同じ資本（純資産）に属する勘定ですが，区分して表示します。

［資本金と繰越利益剰余金の計上の流れ］

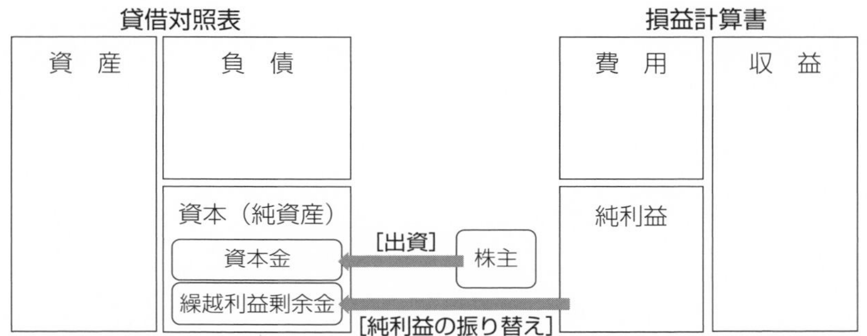

例題16－2

次の取引について仕訳をしなさい。

(1)　株式会社福岡商事は，決算において，収益¥150,000と費用¥90,000をそれぞれ計上した。純利益を繰越利益剰余金勘定に振り替える。

（借）損　　　益　60,000　（貸）繰越利益剰余金　60,000

(2)　株式会社福岡商事は，決算において，収益¥110,000と費用¥120,000をそれぞれ計上した。純損失を繰越利益剰余金勘定に振り替える。

（借）繰越利益剰余金　10,000　（貸）損　　　益　10,000

3　配　　当

(1)　配当の決議

配当とは，株式会社が，資本（純資産）の一部を株主に分配することです。

しかし，好きなだけ分配できるわけではなく，配当の額は会社法により規制されています。本章第1節で見たように，株式会社において，株主は出資した金額の分しか責任を負いませんから，会社が保有する資産を無制限に分配してしまうと，債務の弁済に充当するための資産がなくなってしまいます。このような事態に陥ると債権者を保護できないため，あらかじめ決まりが設けられているのです。

配当を行うためには，通常，株主総会の決議が必要になります。決議がなされたら，配当金額分の繰越利益剰余金を減額した上で**未払配当金勘定**（負債）を計上し，後日，株主に対して支払うことになります。

⑵ 利益準備金

会社が配当を行う際，配当金額分の繰越利益剰余金を減額（未払配当金を増額）することはすでに述べましたが，同時に，原則として配当金額の10分の1の繰越利益剰余金も減額し，その分の**利益準備金**（資本（純資産））を計上しなければなりません。この決まりも，会社財産の過度の流出を防ぎ，会社債権者を保護するため，会社法により定められているものです。

[配当と利益準備金計上の流れ]

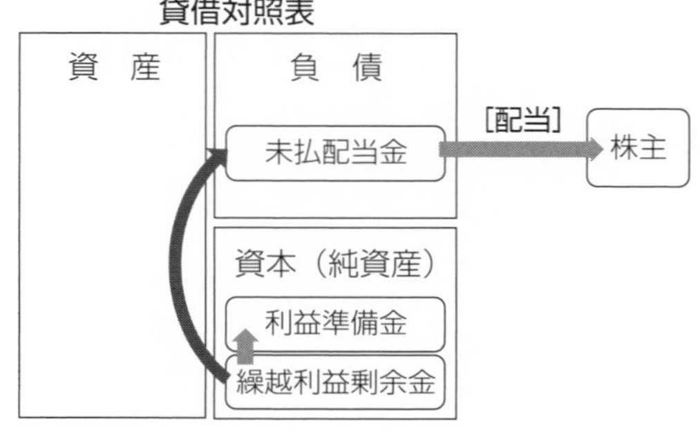

例題16－3

次の取引について仕訳をしなさい。

⑴　株式会社福岡商事の株主総会にて¥1,000,000の配当を行うことが決議された。決議にともなって，¥100,000を利益準備金として計上する。

（借）	繰越利益剰余金	1,100,000	（貸） 未払配当金	1,000,000
			利益準備金	100,000

⑵ 株式会社福岡商事は，株主に対して当座預金から上記配当を支払った。

（借） 未 払 配 当 金 1,000,000 （貸） 当 座 預 金 1,000,000

■ 練習問題16 ■

1 次の一連の取引について仕訳をしなさい。

⑴ 株式会社長崎商事の設立にあたり，株式1,000株を１株当たり¥2,000で発行した。払い込まれた金額は全額を会社の当座預金に預け入れた。

⑵ 新たに株式500株を１株当たり¥2,200で発行した。払い込まれた金額は全額を会社の当座預金に預け入れた。

⑶ 下記の収益・費用の諸勘定を損益勘定に振り替えた。なお，期首・期末に繰越商品は存在しなかった。

【会計期間中の収益と費用】

売上¥1,000,000　受取手数料¥200,000　仕入¥700,000　給料¥80,000

支払利息¥50,000

⑷ 損益勘定を繰越利益剰余金に振り替えた。

2 次の一連の取引について仕訳をしなさい。

⑴ 株式会社長崎商事の株主総会にて¥500,000の配当を行うことが決議された。決議にともなって，¥50,000を利益準備金として計上する。

⑵ 株主に対して普通預金から上記配当を支払った。

第17章

税　金

1　租税公課

企業は，経営活動を行う上で，さまざまな種類の税金を負担します。それらには，企業の利益の金額に対して課される税金と，企業の利益以外の金額に対して課される税金があります。ここでは，企業の利益以外の金額に対して課される税金について説明します。

企業の利益以外の金額に対して課される税金には，固定資産税・自動車税・印紙税等があります。たとえば，固定資産税は，毎年1月1日現在で所有している土地や建物などの固定資産の金額に対して課される税金です。納付は，一般的に年4期に分けて行われますが，一括で納付することもできます。このように，利益以外の金額に対して課される税金は企業の費用として処理するため，納付したときには**租税公課勘定**（費用）の借方に記帳します。

例題17－1

次の取引を仕訳しなさい。

(1)　固定資産税の納税通知書が届いたので，第1期分￥80,000を現金で納付した。

(借)	租税公課	80,000	(貸)	現金	80,000

(2)　自動車税￥40,000の納税通知書が届いたので，現金で納付した。

(借)	租税公課	40,000	(貸)	現金	40,000

(3)　収入印紙￥10,000を現金で購入した。

(借)	租税公課	10,000	(貸)	現金	10,000

2 法人税，住民税及び事業税

法人税，住民税及び事業税は，企業の利益の金額に対して課される税金です。国税である法人税の額が算定されると，それに連動して地方税である住民税と事業税の額が決まります。利益の金額は，毎期決算において，収益の額から費用の額を差し引いて導かれます。

これを税引前当期純利益とよび，これに定められた税率を乗じることで税額を計算します。

> 税引前当期純利益＝収益の総額－費用の総額（法人税，住民税及び事業税は除く）
>
> 法人税，住民税及び事業税＝税引前当期純利益×税率

簿記では，このようにして計算された金額を**法人税，住民税及び事業税勘定**（費用）または**法人税等勘定**（費用）としてまとめて処理します。これらの税金は，原則として決算日から2カ月以内に行う確定申告のときに納付することになるため，決算時に**未払法人税等勘定**（負債）の貸方に記帳し，翌期に繰り越されます。

また，前期の法人税，住民税及び事業税の額が一定の金額以上である場合には，中間申告を行い，中間納付を行わなければなりません。中間申告および中間納付は，前年度の決算日から6カ月を経過する日から原則として2カ月以内に行わなければなりません。中間申告に基づき計算された中間納付額は，**仮払法人税等勘定**（資産）を用いて処理します。この仮払法人税等の金額は，当期の決算において計上される法人税，住民税及び事業税の額から控除され，差額は**未払法人税等勘定**（負債）を用いて処理します。

例題17－2

次の一連の取引を仕訳しなさい。

⑴　決算日（X１年３月31日）において，法人税，住民税及び事業税を計上した。なお，決算日における収益総額は¥3,750,000，費用総額は¥2,550,000，法人税，住民税及び事業税の税率は30％とする。

（借）	法人税，住民税及び事業税	360,000	（貸）	未払法人税等	360,000

⑵　X１年５月27日に確定申告を行い，上記⑴を現金で納付した。

（借）	未払法人税等	360,000	（貸）	現　　　　金	360,000

⑶　X１年11月18日に中間申告を行い，法人税，住民税及び事業税¥180,000を当座預金から納付した。

（借）	仮払法人税等	180,000	（貸）	当　座　預　金	180,000

⑷　決算日（X２年３月31日）において，法人税，住民税及び事業税¥500,000を計上した。

（借）	法人税，住民税及び事業税	500,000	（貸）	仮払法人税等	180,000
				未払法人税等	320,000

3　消 費 税

消費税とは，商品を購入したり，サービスの提供を受けたりしたときに消費者に課される税金です。また，消費税は担税者と納税義務者が一致しない間接税です。そのため，納税義務者となる企業は，商品を販売したときに預かった消費税から，その商品を仕入れたときに負担した消費税を控除した差額を国に納付しなければなりません。

たとえば，株式会社福岡商事は商品¥200,000を仕入れた場合，消費税（以下，消費税率は10％とする）¥20,000を含む¥220,000を支払います。そして，その商品を¥500,000で売り上げ，消費税¥50,000を含む¥550,000を受け取ったとします。このまま決算をむかえた場合，株式会社福岡商事は預かった消費税¥50,000と仕入れたときに負担した消費税¥20,000との差額である¥30,000を国に納付しなければならないことになります。

消費税は，税込方式と税抜方式という２つの会計処理方法が認められていますが，ここでは，税抜方式のみ説明します。税抜方式とは，消費税の金額を売上高や仕入高などに含めず，区分して記帳する方法です。商品を仕入れたときに支払った消費税は**仮払消費税勘定**（資産）を用いて処理し，商品を売り上げたときに預かった消費税は**仮受消費税勘定**（負債）を用いて処理します。そして，決算において，仮受消費税勘定の金額と仮払消費税勘定の金額の差額を**未払消費税勘定**（負債）に計上します。この金額を，決算日から２カ月以内に行われる確定申告のときに納付することになります。

例題17－３

次の連続する取引を仕訳しなさい。なお，消費税の処理は税抜方式で行い，消費税率は税抜価格に対して10%とする。

⑴　商品￥200,000（税抜価格）を仕入れ，代金は消費税とともに小切手を振り出して支払った。

（借）	仕　　　入	200,000	（貸）	当 座 預 金	220,000
	仮 払 消 費 税	20,000			

⑵　商品￥320,000（税抜価格）を売り上げ，代金は消費税とともに先方振り出しの小切手で受け取った。

（借）	現　　　金	352,000	（貸）	売　　　上	320,000
				仮 受 消 費 税	32,000

⑶　決算において，納付すべき消費税額を算定し，未払計上した。

（借）	仮 受 消 費 税	32,000	（貸）	仮 払 消 費 税	20,000
				未 払 消 費 税	12,000

⑷　消費税の確定申告を行い，上記⑶を現金で納付した。

（借）	未 払 消 費 税	12,000	（貸）	現　　　金	12,000

■ 練習問題17 ■

1　次の取引を仕訳しなさい。

⑴　固定資産税の納税通知書が届いたので，全期分￥320,000を現金で納付した。

⑵　収入印紙￥4,000と郵便切手￥1,000を現金で購入した。

⑶　自動車税￥50,000の納税通知書が届いたので，現金で納付した。

2　次の一連の取引を仕訳しなさい。

⑴　中間申告により，法人税，住民税及び事業税￥90,000を現金で納付した。

⑵　決算において，法人税，住民税及び事業税を計上した。なお，決算日における収益総額は￥4,200,000，費用総額は￥3,700,000，法人税，住民税及び事業税の税率は35%とする。

⑶　確定申告により，未払法人税等を現金で納付した。

3　次の連続する取引を仕訳しなさい。なお，消費税の処理は税抜方式で行い，消費税率は税抜価格に対して10%とする。

⑴　商品￥352,000（税込価格）を仕入れ，代金は消費税とともに手形を振り出して支払った。

⑵　上記⑴の商品を￥528,000（税込価格）で売り上げ，代金は消費税とともに半分は先方振り出しの小切手で受け取り，残額は掛けとした。

⑶　決算において，納付すべき消費税を算定した。

⑷　消費税の確定申告を行い，上記⑶を現金で納付した。

4　決算において，納付すべき消費税額を算定する。なお，税抜方式で処理しており，当期の仮払消費税は￥17,000，仮受消費税は￥23,000である。

第 18 章

収益と費用

1 収益と費用

企業における利益は，その発生源泉によりおおむね３種類に区分されます。

売上や受取手数料といった会社の主たる営業活動に伴い発生した収益から，仕入をはじめとした生産活動にともない発生した費用（売上原価）や販売活動等にともない発生した費用（販売費および一般管理費）を差し引いたものを，**営業利益**とよびます。販売費および一般管理費には，発送費や広告宣伝費等が含まれます。

一方で，会社の主たる営業活動以外によって生じる収益もあります（営業外収益）。営業外収益の代表的なものは，受取利息をはじめとした会社の財務活動や投資活動から生じる収益です。同様に，会社の主たる営業活動以外によって発生する費用もあります（営業外費用）。たとえば，会社の財務活動や投資活動から生じる費用で，支払利息等が該当します。営業利益に営業外収益を加え，営業外費用を差し引いたものを**経常利益**とよびます。

臨時的に固定資産を売却したことにより得られた収益（または損失）など，臨時的な活動や事象から生じた収益（費用）を**特別利益**（**特別損失**）といいます。

このように，収益と費用は，それらの発生源泉が主たる営業活動であるか否か，およびそれらの発生が経常的であるか否かによって区分されています。特に，ここでは企業の営業活動に関係するか否かでその使用が決定される勘定科目である**諸会費勘定**（費用）を取り上げます。

《諸会費勘定》

企業の業務に関わって加入している組織などに対する会費，組合費，国や自治体に納める賦課金などの支払いを処理するために，諸会費勘定は用いられます。しかし，会費や組合費などの名称が用いられていたとしても，企業の営業活動との関わりがないならば，諸会費勘定を用いることはできません。このことは，税務上の問題と関わっています。

諸会費勘定の処理は，他の費用に属する勘定科目の処理と同様に，諸会費が発生したならば，諸会費勘定の借方にその支払額を記入します。

例題18－1

次の取引を仕訳しなさい。

同業者団体の会費￥3,000を，現金で支払った。

(借)	諸　会　費	3,000	(貸)	現　　　金	3,000

2　収益・費用の未収・未払いと前受け・前払い

通常，収益や費用が発生したならば，その対価として現金などの受払いがなされます。しかし，一定期間にわたって継続的にサービスを提供する場合，あるいはその提供を受ける場合，これにともなって発生する収益や費用の発生の時期と現金などの対価の受払いの時期とにズレが生じることがあります。

すなわち，サービスの提供における収益について，その対価が未収（未収収益）の状態あるいは前受け（前受収益）の状態，また，サービスの提供を受ける際の費用の支払いについて，その対価が未払い（未払費用）の状態あるいは前払い（前払費用）の状態が生じることがあるのです。

決算日時点で，このような状況にある時には，適正な期間損益計算の観点から，発生した収益と費用の金額を修正しなければなりません。すなわち，1会計期間（たとえば，1年間）に発生した収益や費用の金額を修正しなければならないのです。この修正処理は，決算整理（修正）手続の中で行います。

なお，ここでは収益と費用の決算整理手続について説明していきますが，経過勘定項目とよばれる未収収益，未払費用，前受収益，および前払費用に属する勘定科目を用います。

(1)　収益の未収（未収収益）

決算日時点で，サービスの提供はなされているが，その対価が未だ受け取られていない状態を，収益の未収といいます。収益の未収においては，**未収収益**（資産）が計上されます。

未収収益を計上するための処理は，未収収益を示す勘定の借方に決算日時点で未収となっている金額を記入するとともに，同額を該当する収益の勘定の貸方に記入します。この処理によって，収益の未収分が当期の収益に加算されるとともに，未収収益として次期に繰り越されることになります。

そして，翌期首に，再振替仕訳がなされます。**再振替仕訳**とは，未収収益を計上する仕訳を貸借逆に逆仕訳（反対仕訳）することを指します。この再振替仕訳をすることによって，前期に収益として計上した金額を減額することで，当期に発生した収益の金額と前期に発生した収益の金額とを区分することになります。

例題18－2

貸付金についての利息を，毎年，６月末と12月末の年２回の利払日にそれぞれ¥600（６カ月分）ずつ受け取るという契約（１年間の受取利息¥1,200）について，本日（３月31日）決算につき，利息の未収分を計上した。

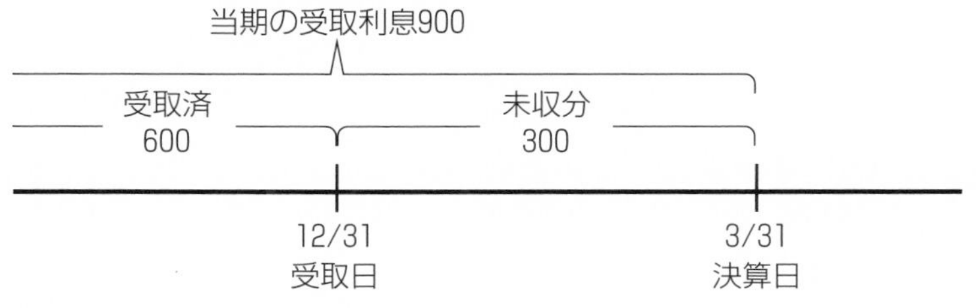

(1)　決算日の仕訳を示しなさい。

（借）	未収利息	300	（貸）	受取利息	300

〈解説〉 この例では，対価の受け取りはまだですが，当期の受取利息として３カ月分（１月１日～３月31日まで）にあたる¥300をさらに計上しなければなりません。また同時に，未収収益である未収利息勘定（資産）として計上することになります。

⑵ 翌期首の仕訳を示しなさい。

（借）受　取　利　息　300　（貸）未　収　利　息　300

〈解説〉 未収利息などの未収収益は一時的な資産項目として貸借対照表に計上されますが，次期において実際に対価を受け取った際に，前期における未収分とその期の収益分とを区別するために，決算時においてあらかじめ次期の最初の日付で，元の収益勘定の借方に再振替仕訳を行っておきます。

また，以上の手続きを勘定で表すと以下のようになります。

受取利息

借方		貸方	
3/31 損　　益	900	12/31	600
		3/31 未収利息	300
	900		900
4/1 未収利息	300		

未収利息

借方		貸方	
3/31 受取利息	300	3/31 次期繰越	300
4/1 前期繰越	300	4/1 受取利息	300

⑵ 費用の未払い（未払費用）

決算日時点で，サービスの提供を受けているが，その対価が未だ支払われていない状態を，費用の未払いといいます。費用の未払いにおいては，**未払費用**（負債）が計上されます。

未払費用を計上するための処理は，未払費用を示す勘定の貸方に決算日時点で未払いとなっている金額を記入するとともに，同額を該当する費用の勘定の借方に記入します。この処理によって，費用の未払い分が当期の費用に加算されるともに，未払費用として次期に繰り越されることになります。

そして，翌期首に，再振替仕訳がなされます。再振替仕訳では，未払費用を計上する仕訳を貸借逆に逆仕訳をします。この再振替仕訳をすることによって，前期に費用として計上した金額を減額することで，当期に発生した費用の金額と前期に発生した費用の金額とを区分することになります。

例題18－3

借入金についての利息を，毎年，６月末と12月末の年２回の支払日にそれぞれ¥1,800（６カ月分）ずつ支払うという契約（１年間の支払利息¥3,600）について，本日（３月31日）決算につき，利息の未払分を計上した。

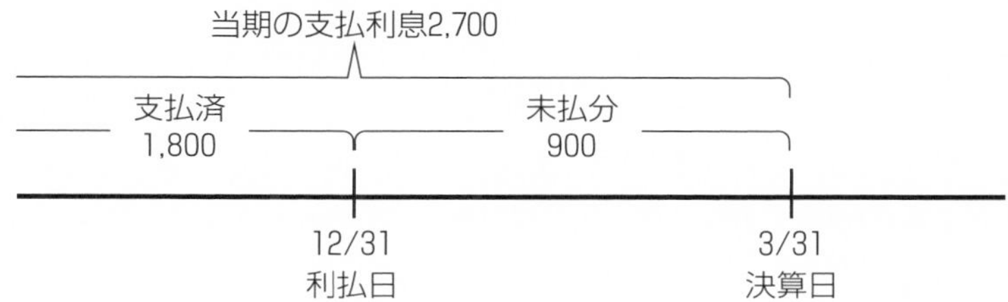

⑴　決算日の仕訳を示しなさい。

（借）支　払　利　息　　900　　（貸）未　払　利　息　　900

〈解説〉　この例では，対価の支払いはまだですが，当期の支払利息として３カ月分（１月１日～３月31日まで）にあたる¥900をさらに計上しなければなりません。また同時に，未払費用である未払利息勘定（負債）として計上することになります。

⑵　翌期首の仕訳を示しなさい。

（借）未　払　利　息　　900　　（貸）支　払　利　息　　900

〈解説〉　未払利息などの未払費用は一時的な負債項目として貸借対照表に計上されますが，次期において実際に対価を支払う際に，前期における未払分とその期の費用分とを区別するために，決算時においてあらかじめ次期の最初の日付で，元の費用勘定の貸方に再振替仕訳を行っておきます。

また，以上の手続きを勘定で表すと以下のようになります。

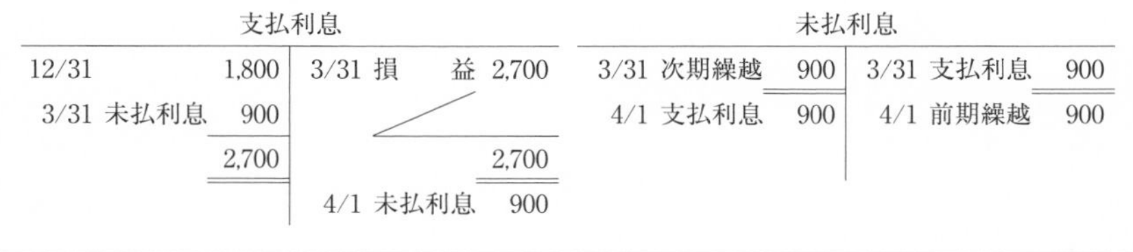

支払利息

借方		貸方	
12/31	1,800	3/31 損　益	2,700
3/31 未払利息	900		
	2,700		2,700
		4/1 未払利息	900

未払利息

借方		貸方	
3/31 次期繰越	900	3/31 支払利息	900
4/1 支払利息	900	4/1 前期繰越	900

(3) 収益の前受け（前受収益）

決算日時点で，サービスの提供はなされていないが，その対価をすでに受け取っている状態を，収益の前受けといいます。収益の前受けにおいては，**前受収益**（負債）が計上されます。

前受収益を計上するための処理は，前受収益を示す勘定の貸方に決算日時点で前受けとなっている金額を記入するとともに，同額を該当する収益の勘定の借方に記入します。この処理によって，収益の前受分が当期の収益から控除されるとともに，前受収益として次期に繰り越されることになります。

そして，翌期首に再振替仕訳がなされます。再振替仕訳では，前受収益を計上する仕訳を貸借逆に逆仕訳をします。この再振替仕訳をすることによって，収益の前受分が当期の収益として計上されることになるのです。

例題18－4

賃貸用の建物について，受取家賃（毎月¥20,000，１年間で¥240,000）を毎年７月１日に向こう１年分全額を受け取っている。本日（３月31日）決算につき，家賃の前受分を計上した。

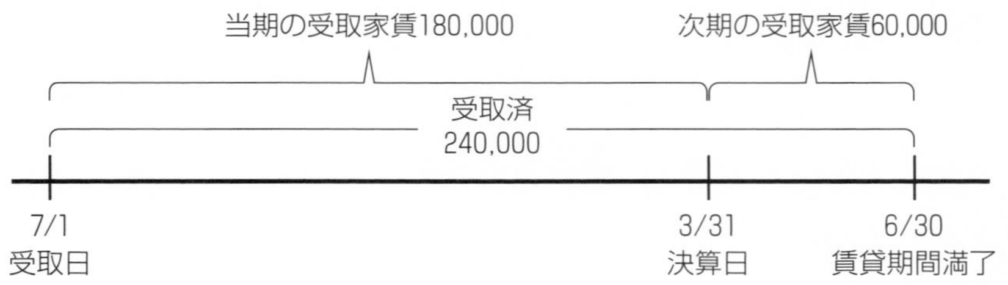

(1) 決算日の仕訳を示しなさい。

（借）受取家賃　60,000　　（貸）前受家賃　60,000

〈解説〉 この例では，決算日において，家賃の受取日から経過した９カ月分だけが当期の収益である受取家賃とすべきで，受け取った家賃の額のうち¥60,000（３カ月分）は前受収益である前受家賃勘定（負債）として計上することになります。

(2) 翌期首の仕訳を示しなさい。

（借）前　受　家　賃　60,000　　（貸）受　取　家　賃　60,000

〈解説〉 決算日に控除された家賃の前受分¥60,000は，次期において４月１日から６月30日までの３カ月分の収益として実現することになります。そこで，決算時においてあらかじめ次期の最初の日付でもって，元の収益勘定の貸方に再振替仕訳を行っておきます。

また，以上の手続きを勘定で表すと以下のようになります。

受取家賃

借方			貸方		
3/31	前受家賃	60,000	7/1		240,000
	損　　益	180,000			
		240,000			240,000
			4/1	前受地代	60,000

前受家賃

借方			貸方		
3/31	次期繰越	60,000	3/31	受取家賃	60,000
4/1	受取家賃	60,000	4/1	前期繰越	60,000

(4)　費用の前払い（前払費用）

決算日時点で，サービスの提供は受けていないが，その対価をすでに支払っている状態を，費用の前払いといいます。費用の前払いにおいては，**前払費用**（資産）が計上されます。

前払費用を計上するための処理は，前払費用を示す勘定の借方に決算日時点で前払いとなっている金額を記入するとともに，その金額を該当する費用の勘定の貸方に記入します。この処理によって，費用の前払い分が当期の費用から控除されるとともに，前払費用として次期に繰り越されることになります。

そして，翌期首に，再振替仕訳がなされます。再振替仕訳では，前払費用を計上する仕訳を貸借逆に逆仕訳します。この再振替仕訳をすることによって，前払分が当期の費用として計上されることになるのです。

例題18－5

火災保険の契約について，保険料（毎月¥1,000，１年間で¥12,000）を毎年10月１日に向こう１年分全額を支払っている。本日（３月31日）決算につき，保険料の前払分を計上した。

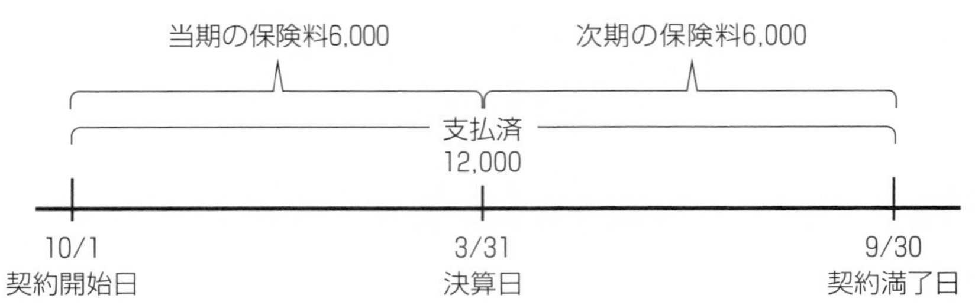

(1) 決算日の仕訳を示しなさい。

(借) 前 払 保 険 料　6,000　　(貸) 保　険　料　6,000

〈解説〉 この例では，決算日において，保険料の契約日（支払日）から経過した6カ月分だけが当期の費用である保険料とすべきで，支払った保険料の額のうち¥6,000（6カ月分）は前払費用である前払保険料勘定（資産）として計上することになります。

(2) 翌期首の仕訳を示しなさい。

(借) 保　険　料　6,000　　(貸) 前 払 保 険 料　6,000

〈解説〉 決算日に控除された保険料の前払分¥6,000は，次期において4月1日からの6カ月分の費用として実現することになります。そこで，決算時においてあらかじめ次期の最初の日付でもって，元の費用勘定の借方に再振替仕訳を行っておきます。

また，以上の手続きを勘定で表すと以下のようになります。

保険料

10/1	12,000	3/31 前払保険料	6,000
		〃 損　益	6,000
	12,000		12,000
4/1 前払保険料	6,000		

前払保険料

3/31 保 険 料	6,000	3/31 次期繰越	6,000
4/1 前期繰越	6,000	4/1 保 険 料	6,000

(5) 消耗品費と貯蔵品の処理

消耗品とは，事務用品などの少額で短期的に消費される物品をいいます。消耗品を購入した際には，消耗品費勘定（費用）で処理します。たとえば，100円のボールペンを10本現金で購入した際には，次のような仕訳を行います。

（借）消　耗　品　費　1,000　（貸）現　　　　金　1,000

実務上，決算日に消耗品が未使用のまま残っていても通常は資産に振り替えません。

一方で，郵便切手や収入印紙は，一括購入されることが多いと思われます。よって，決算日時点において，それらの未使用分が存在する可能性が生じます。

郵便切手や収入印紙の購入にあたっては，郵便切手は**通信費勘定**（費用），収入印紙は**租税公課勘定**（費用）あるいは印紙税勘定の借方に，それらの購入金額を記入します。

決算日において，郵便切手や収入印紙の未使用分が存在するならば，それらの金額分だけ通信費勘定や租税公課勘定の残高にズレが生じることになります。したがって，これらの勘定残高を修正するために決算整理が必要となります。なぜならば，消耗品と異なり，郵便切手や収入印紙は換金性が高く，金額が高額になることが多いからです。

そのための決算整理仕訳は，郵便切手や収入印紙の決算日時点の未使用分を**貯蔵品勘定**（資産）の借方に記入するとともに，通信費勘定や租税公課勘定の貸方に記入します。この決算整理仕訳がなされることで，郵便切手や収入印紙の購入額が記録されている通信費勘定や租税公課勘定からそれらの未使用分だけ減額されるとともに，それらの未使用分が貯蔵品勘定に計上され次期に繰り越されることになります。

そして，翌期首に，再振替仕訳をします。再振替仕訳では，貯蔵品を計上する仕訳を貸借逆に逆仕訳をします。この再振替仕訳によって，前期の未使用分が，当期の費用として計上されることになるのです。

例題18－6

次の連続した取引を仕訳しなさい。

(1) 郵便切手¥500と収入印紙¥2,500を購入し，代金は現金で支払った。

(借)	通信費	500	(貸) 現金	3,000
	租税公課	2,500		

(2) 決算日において，郵便切手の未使用分¥200と収入印紙の未使用分¥300があった。

(借)	貯蔵品	500	(貸) 通信費	200
			租税公課	300

(3) 翌期首になったので，上記(2)の取引の再振替仕訳をした。

(借)	通信費	200	(貸) 貯蔵品	500
	租税公課	300		

■ 練習問題18 ■

1　次の(1)～(4)それぞれの連続する取引を仕訳しなさい。会計期間は，X０年４月１日からX１年３月31日の１年である。なお，(1)～(4)は独立した問題である。

(1)
X0年７月１日　現金¥120,000を貸し付け，借用証書を受け取った。なお，貸付条件は，年利３％，貸付期間１年であり，利息は６月末日と12月末日に６カ月分ずつ受け取ることになっている。
X0年12月31日　上記の貸付金に対する利息を現金で受け取った。
X1年３月31日　本日決算につき，利息の未収分を計上した。
X1年３月31日　当期分の受取利息を損益勘定に振り替えた。
X1年４月１日　翌期首になったので再振替仕訳を行った。

(2)
X0年９月１日　現金¥200,000を借用証書により，借り入れた。借入条件は，年利３％，借入期間を１年とする。なお，利息は，元本とともに返済日に支払うことになっている。

X1年３月31日　本日決算につき，利息の未払い分を計上した。
X1年３月31日　当期分の支払利息を損益勘定に振り替えた。
X1年４月１日　翌期首になったので再振替仕訳を行った。

(3)　X0年５月１日　土地の賃貸契約を結び，向こう６カ月分の地代￥108,000を現金で受け取った。なお，今年度の５月１日と11月１日に賃貸料を６カ月分ずつ受け取ることにした。
X0年11月１日　６カ月分の地代を現金で受け取った。
X1年３月31日　地代の前受分を計上した。
X1年３月31日　当期分の受取地代を損益勘定に振り替えた。
X1年４月１日　翌期首になったので再振替仕訳を行った。

(4)　X0年８月１日　事務所の賃借契約を結び，向こう６カ月分の家賃￥90,000を現金で支払った。なお，家賃は今年度の８月１日と２月１日に６カ月分ずつ支払うことにした。
X1年２月１日　６カ月分の家賃を現金で支払った。
X1年３月31日　本日決算につき，家賃の前払分を計上した。
X1年３月31日　当期分の支払家賃を損益勘定に振り替えた。
X1年４月１日　翌期首になったので再振替仕訳を行った。

2　本日決算につき，郵便切手と収入印紙の未使用分を確認したところ，郵便切手￥1,860分と収入印紙￥20,000分があった。

第19章

8桁精算表

1 決算手続

簿記は，日々の取引を各種帳簿に記録していく実践です。すでに，第7章で学習しましたが，定期的に，企業の財政状態と経営成績を確認するために，帳簿の記録内容を整理し集計を行い，経営に活用するためなどさまざまな目的のためにまとまった情報として創出します。これを**決算**といい，簿記手続においては帳簿を締め切ることを意味します。

ここでもう一度，簿記一巡の手続を確認すると，以下の図のように表されます。

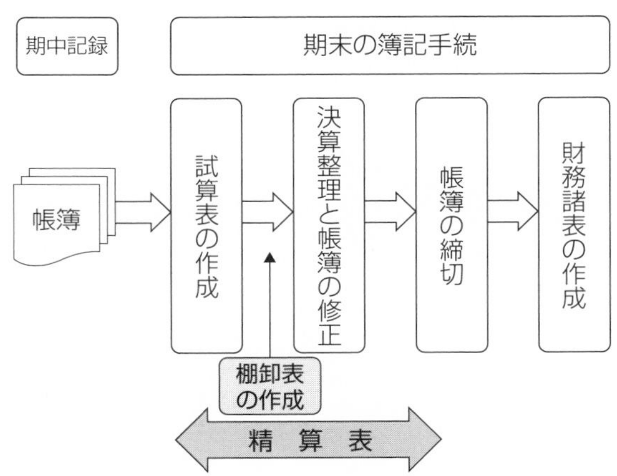

期中において，毎日の取引は仕訳帳と総勘定元帳の主要簿をはじめ各種補助簿に記録されます。決算になると，まずは試算表を作成し，それ以降，正確な

情報を導くために帳簿記録に対して必要な修正が加えられます。簿記手続としての決算は帳簿の締切りで終了しますが，帳簿記録をもとにして，損益計算書と貸借対照表などの財務諸表が作成されます。

2 試算表の作成

決算は元帳の勘定記録に基づいて実施されます。日々の取引の元帳への記録が正確に行われていなければ，正しい決算はできないことになります。第6章で学習しましたが，**試算表**を作成して，元帳の記録内容に明らかな誤りがないかを**貸借平均の原理**によって確認します。

しかし，試算表は，元帳の記録が計算的に正確であることを確かめる機能しかなく，それぞれの勘定が実際の状況を示していることを保証するものではありません。これまで学んできたように，現金勘定の残高は実際の現金有高を表示していないかもしれませんし，建物や機械などの固定資産は決算日において減価償却を行うことが一般的です。また，仕入勘定に対しては期首と期末における未販売の商品有高を加減して，売上原価の計算が必要になります。さらには，収益や費用の勘定のなかには，その会計期間に帰属すべき金額が正しく表示されていないものがあるかもしれません。

3 決算整理

そこで，資産・負債の実際の有高を確認したり，期間損益計算の観点から収益・費用の勘定の金額を適切に把握するための手続が必要になります。この手続のことを**実地棚卸**といいます。実地棚卸の結果を**棚卸表**を作成し，それに従って勘定記録の修正を行います。これを**決算整理**といいます。

棚　卸　表
Ｘ２年３月31日

決算整理事項	摘　要	金　額
繰越商品		×××
貸倒引当金繰入		×××
減価償却費		×××
前払保険料		×××
⋮		⋮
		×××

ここで学ぶ決算整理事項は，次のとおりですが，すでに前の各章で学んできました。

⑴　現金過不足の整理（第８章）
⑵　期末商品の有高と売上原価の算定（第９章）
⑶　貸倒引当金の設定（第13章）
⑷　固定資産の減価償却（第14章）
⑸　未収収益・未払費用・前受収益・前払費用の計上（第18章）
⑹　貯蔵品の処理（第18章）
⑺　法人税等の計上（第17章）
⑻　未払消費税の計上（第17章）

４　８桁精算表の作成

精算表は，すでに第６章で学習したように，期末時点ですべての勘定の残高を整理して，損益計算書および貸借対照表の作成に至る過程を１つの表にあらわしたもので，勘定を締め切る決算本手続を確実に行えるかどうかをあらかじめ確認するために作成するものです。

前述したように，決算に際しては，各勘定の記録を修正するための決算整理が行われます。そこで，精算表においても，残高試算表欄の内容を修正して，損益計算書および貸借対照表の作成が行えるように，**修正記入欄**（または**整理記入欄）を設ける必要があります。修正記入欄を加えた精算表を**８桁精算表**といいます。

<u>精　算　表</u>

勘定科目	残高試算表		修正記入		損益計算書		貸借対照表	
	借方	貸方	借方	貸方	借方	貸方	借方	貸方

８桁精算表は次の手順で作成します。

① 総勘定元帳の各勘定残高を精算表の勘定科目欄と残高試算表欄に写し取り，貸借合計金額が一致することを確認して残高試算表欄を作成する。

② 棚卸表で整理された決算整理事項に基づいて，決算整理に必要な記入を修正記入欄で行う。勘定科目の追加が必要なときは，その科目を新たに設ける。

③ 各勘定科目について，その残高試算表欄に対して，修正記入欄に記入された金額が借方・貸方の同じ側にあれば加算し，反対側にあれば差し引いて修正する。

④ 収益と費用の各勘定の金額は損益計算書欄の貸方と借方に，資産と負債および資本の各勘定の金額は貸借対照表欄の借方と貸方に，それぞれ必要な修正を行った上で金額を移記する。

⑤ 損益計算書欄の借方と貸方の金額を集計して，その差額として，当期純利益または当期純損失を計算する。

⑥ 残高試算表欄の貸借合計を記録した次の行に，当期純利益（純損失）の行を加える。当期純利益であれば損益計算書欄の借方に（純損失であれば貸方に）その金額を記入すると同時に，貸借対照表欄の貸方に（純損失であれば借方に）同じ金額を記入する。

⑦ 貸借対照表欄の借方と貸方の金額をそれぞれ集計して，貸借合計金額が一致すれば，修正記入欄から貸借対照表欄まで締め切り線を引く。

例題19

次の元帳残高と決算整理事項に基づいて，決算に必要な仕訳を示し精算表を作成しなさい。ただし，決算は年1回（3月31日）である。

元帳残高

現金	¥ 210,000	当座預金	¥ 900,000
売掛金	370,000	仮払消費税	90,000
繰越商品	30,000	建物	1,000,000
備品	800,000	土地	2,000,000
買掛金	100,000	借入金	1,000,000
仮受消費税	150,000	貸倒引当金	25,000
建物減価償却累計額	430,000	備品減価償却累計額	80,000
資本金	2,500,000	繰越利益剰余金	930,000
売上	1,500,000	受取手数料	75,000
受取家賃	38,000	受取利息	2,000
仕入	900,000	給料	320,000
支払家賃	75,000	旅費交通費	28,000
発送費	18,000	通信費	16,000
消耗品費	21,000	保険料	24,000
支払利息	15,000	雑費	13,000

この元帳残高を，精算表の残高試算表欄に写し取ると以下のようになります。つまり，修正前の残高試算表です。これに対して，次の決算整理事項に従って，適宜，修正を行っていきます。

精　算　表

勘定科目	残高試算表		修正記入		損益計算書		貸借対照表	
	借　方	貸　方	借　方	貸　方	借　方	貸　方	借　方	貸　方
現　　　　金	210,000							
当　座　預　金	900,000							
売　　掛　　金	370,000							
仮　払　消　費　税	90,000							
繰　越　商　品	30,000							
建　　　　物	1,000,000							
備　　　　品	800,000							
土　　　　地	2,000,000							
買　　掛　　金		100,000						
借　　入　　金		1,000,000						
仮　受　消　費　税		150,000						
貸　倒　引　当　金		25,000						
建物減価償却累計額		430,000						
備品減価償却累計額		80,000						
資　　本　　金		2,500,000						
繰越利益剰余金		930,000						
売　　　　上		1,500,000						
受　取　手　数　料		75,000						
受　取　家　賃		38,000						
受　取　利　息		2,000						
仕　　　　入	900,000							
給　　　　料	320,000							
支　払　家　賃	75,000							
旅　費　交　通　費	28,000							
発　　送　　費	18,000							
通　　信　　費	16,000							
消　耗　品　費	21,000							
保　　険　　料	24,000							
支　払　利　息	15,000							
雑　　　　費	13,000							
	6,830,000	6,830,000						

※解答フォームはWeb上からダウンロードできます。

決算整理事項

① 現金の実際手許有高は￥207,000であった。帳簿有高との不一致の原因は不明である。
② 売掛金に対して￥30,000の貸倒れを見積もった（差額補充法）。
③ 期末商品棚卸高は￥40,000である。売上原価は「仕入」の行で計算すること。
④ 仮払消費税と仮受消費税の差額を未払消費税として計上した。
⑤ 通信費に計上されている郵便切手の未使用高は￥2,000であった。
⑥ 減価償却（建物￥36,000，備品￥80,000）を間接法により計上した。
⑦ 借入金の利息の未払分が￥2,000あった。
⑧ 受取手数料の前受分が￥18,000あった。
⑨ 保険料の前払分が￥4,000あった。
⑩ 受取家賃の未収分が￥4,000あった。
⑪ 法人税，住民税及び事業税を￥21,000計上する。

これらの決算整理事項を１項目ずつ仕訳して，その結果を８桁精算表の修正記入欄に記入し残高試算表の金額を修正して，損益計算書欄または貸借対照表欄に移記していきます。

① 現金過不足の整理

（借）雑　　　損　3,000　（貸）現　　　金　3,000

修正前の残高試算表の現金勘定の金額は，修正記入欄の貸方に￥3,000が記入されることで￥207,000に修正され，この金額が貸借対照表欄の借方に移記されます。また，決算整理仕訳で現れた雑損勘定（費用）は，精算表に新たに行を加えて，損益計算書欄の借方に記入します。

精　算　表

勘定科目	残高試算表		修正記入		損益計算書		貸借対照表	
	借　方	貸　方	借　方	貸　方	借　方	貸　方	借　方	貸　方
現　　金	210,000			3,000			207,000	
雑　　損			3,000		3,000			

② 貸倒引当金の設定

（借） 貸倒引当金繰入 5,000 （貸） 貸倒引当金 5,000

修正前の残高試算表の貸倒引当金勘定の金額は，資産である売掛金の評価勘定（マイナス勘定）なので，修正記入欄の貸方に¥5,000が記入されることで，¥30,000に修正され，貸借対照表欄の貸方に移記されます。また，決算整理仕訳で現れた貸倒引当金繰入勘定（費用）は，精算表に新たに行を加えて，損益計算書欄の借方に記入します。

	（残高試算表）		（修正記入）		（損益計算書）		（貸借対照表）	
貸倒引当金		25,000		5,000				30,000
貸倒引当金繰入			5,000		5,000			

③ 売上原価の計算

（借） (a) 仕　入 30,000 （貸） 繰越商品 30,000

(b) 繰越商品 40,000 仕　入 40,000

売上原価は「仕入」の行で計算することが指示されています。つまり，当期の仕入高に前期の未販売高である期首商品棚卸高を加算し，当期の売れ残りである期末商品棚卸高を差し引くことで売上原価は求められます。その結果，売上原価の金額は仕入の行の損益計算欄の借方にあらわれます。また，当期の未販売商品である繰越商品¥40,000は，貸借対照表欄の借方にあらわれます。

	（残高試算表）		（修正記入）		（損益計算書）		（貸借対照表）	
繰越商品	30,000		(b) 40,000	(a) 30,000			40,000	
仕入	900,000		(a) 30,000	(b) 40,000	890,000			

④ 未払消費税の計上

（借） 仮受消費税 150,000 （貸） 仮払消費税 90,000

未払消費税 60,000

期中において仮払消費税（資産）と仮受消費税（負債）のそれぞれに計上されている消費税に関する勘定の差額は，納付すべき消費税の金額であるので，未払消費税勘定（負債）の行を精算表に新たに加えて振り替えます。その結果，仮払消費税勘定と仮受消費税勘定は消滅し，未払消費税￥60,000を貸借対照表の貸方に記入します。

	（残高試算表）		（修正記入）		（損益計算書）		（貸借対照表）	
仮払消費税	90,000			90,000				
仮受消費税		150,000	150,000					
未払消費税				60,000				60,000

⑤　**通信費未使用分の貯蔵品への振替計上**

（借）貯　蔵　品　2,000　　（貸）通　信　費　2,000

通信費である郵便切手の未消費分￥2,000は，当期の費用ではないため減額すると同時に，貯蔵品勘定（資産）に振り替えて次期に繰り越します。そこで，新たに貯蔵品勘定の行を精算表に加えて処理します。

	（残高試算表）		（修正記入）		（損益計算書）		（貸借対照表）	
通信費	16,000			2,000	14,000			
貯蔵品			2,000				2,000	

⑥　**減価償却費の計上**

（借）	減価償却費	116,000	（貸） 建物減価償却累計額	36,000
			備品減価償却累計額	80,000

建物と備品の減価償却費の合計金額￥116,000は，精算表に新たに行を加えて，損益計算書欄の借方に，減価償却累計額勘定は固定資産（建物と備品）の諸勘定のそれぞれの評価勘定（マイナス勘定）なので，貸借対照表欄の貸方に記入します。

	(残高試算表)		(修正記入)		(損益計算書)		(貸借対照表)	
建物減価償却累計額		430,000		36,000				466,000
備品減価償却累計額		80,000		80,000				160,000
減　価　償　却　費			116,000		116,000			

⑦　未払利息の計上

（借）支　払　利　息　　2,000　　　（貸）未　払　利　息　　2,000

未払利息は当期に帰属すべき費用であるので，￥2,000を追加計上する必要があります。その結果，支払利息（費用）は，損益計算書に￥17,000となってあらわれます。また，未払利息勘定（負債）の行を精算表に新たに加えて，￥2,000を貸借対照表欄の貸方に記入します。

	(残高試算表)		(修正記入)		(損益計算書)		(貸借対照表)	
支　払　利　息	15,000		2,000		17,000			
未　払　利　息				2,000				2,000

⑧　前受手数料の計上

（借）受　取　手　数　料　　18,000　　　（貸）前　受　手　数　料　　18,000

前受手数料とは，収入として受け取っているけれども，次期以降に帰属すべき収益であるので，￥18,000を減額する必要があります。その結果，受取手数料勘定（収益）は，損益計算書欄の貸方に￥57,000となってあらわれます。また，前受手数料勘定（負債）の行を精算表に新たに加えて，￥18,000を貸借対照表欄の貸方に記入します。

	(残高試算表)		(修正記入)		(損益計算書)		(貸借対照表)	
受　取　手　数　料		75,000	18,000			57,000		
前　受　手　数　料				18,000				18,000

⑨　前払保険料の計上

（借）前　払　保　険　料　　4,000　　　（貸）保　　険　　料　　4,000

前払保険料とは，支出をしているけれども，次期以降に帰属すべき費用であるので，￥4,000を減額する必要があります。その結果，保険料勘定（費用）は，損益計算書の借方に￥20,000となってあらわれます，また，前払保険料勘定（資産）の行を精算表に新たに加えて，￥4,000を貸借対照表欄の借方に記入します。

	（残高試算表）		（修正記入）		（損益計算書）		（貸借対照表）	
保　険　料	24,000			4,000	20,000			
前払保険料			4,000				4,000	

⑩　未収家賃の計上

（借）未　収　家　賃　4,000　　（貸）受　取　家　賃　4,000

未収家賃は当期に帰属すべき収益であるので，￥4,000を追加計上する必要があります。その結果，受取家賃勘定（収益）は，損益計算書の貸方に￥42,000となってあらわれます，また，未収家賃勘定（資産）の行を精算表に新たに加えて，￥4,000を貸借対照表欄の借方に記入します。

	（残高試算表）		（修正記入）		（損益計算書）		（貸借対照表）	
受　取　家　賃		38,000		4,000		42,000		
未　収　家　賃			4,000				4,000	

⑪　法人税，住民税及び事業税の計上

（借）法人税，住民税及び事業税　21,000　　（貸）未払法人税等　21,000

株式会社の場合，税引前の当期純利益を基礎として法人税を支払う義務があります。また，法人税に連動して，住民税と事業税の金額も決定します。ここでは，税引前の当期純利益￥61,000に対して，法人税，住民税及び事業税（法人税等）の金額は￥21,000と計算されます。法人税等は，当期の費用なので損益計算書欄の借方に，それらの支払いは次期になるので，未払法人税等勘定（負債）となり，それぞれ精算表に新たに行を加えて処理します。

	(残高試算表)		(修正記入)		(損益計算書)		(貸借対照表)	
法人税，住民税及び事業税			21,000		21,000			
未払法人税等				21,000				21,000

これですべての決算整理事項を処理して，損益計算書と貸借対照表に計上すべき勘定が精算表内にまとめられます。

次に，損益計算書欄で貸借の差額として当期純利益が求められます。最後に，貸借対照表欄の貸借差額が損益計算書欄で算定された当期純利益の金額と一致すれば，精算表は完成されたことになります。

以上の手続をまとめて精算表を完成すると以下のようになります。

精　算　表

勘定科目	残高試算表		修正記入		損益計算書		貸借対照表	
	借　方	貸　方	借　方	貸　方	借　方	貸　方	借　方	貸　方
現金	210,000			①3,000			207,000	
当座預金	900,000						900,000	
仮払消費税	90,000			④90,000				
売掛金	370,000						370,000	
繰越商品	30,000		③(b)40,000	③(a)30,000			40,000	
建物	1,000,000						1,000,000	
備品	800,000						800,000	
土地	2,000,000						2,000,000	
買掛金		100,000						100,000
借入金		1,000,000						1,000,000
仮受消費税		150,000	④150,000					
貸倒引当金		25,000		②　5,000				30,000
建物減価償却累計額		430,000		⑥　36,000				466,000
備品減価償却累計額		80,000		⑥　80,000				160,000
資本金		2,500,000						2,500,000
繰越利益剰余金		930,000						930,000
売上		1,500,000				1,500,000		
受取手数料		75,000	⑧　18,000			57,000		
受取家賃		38,000		⑩　4,000		42,000		
受取利息		2,000				2,000		
仕入	900,000		③(a)30,000	③(b)40,000	890,000			

給料	320,000				320,000			
支払家賃	75,000				75,000			
旅費交通費	28,000				28,000			
発送費	18,000				18,000			
通信費	16,000			⑤ 2,000	14,000			
消耗品費	21,000				21,000			
保険料	24,000			⑨ 4,000	20,000			
支払利息	15,000		⑦ 2,000		17,000			
雑費	13,000				13,000			
	6,830,000	6,830,000						
雑損			①3,000		3,000			
貸倒引当金繰入			②5,000		5,000			
未払消費税				④ 60,000				60,000
貯蔵品			⑤ 2,000				2,000	
減価償却費			⑥116,000		116,000			
未払利息				⑦ 2,000				2,000
前受手数料				⑧ 18,000				18,000
前払保険料			⑨ 4,000				4,000	
未収家賃			⑩ 4,000				4,000	
法人税，住民税及び事業税			⑪ 21,000		21,000			
未払法人税等				⑪ 21,000				21,000
当期純利益					40,000			40,000
			395,000	395,000	1,601,000	1,601,000	5,327,000	5,327,000

■ 練習問題19 ■

次の元帳残高と決算整理事項に基づいて，決算に必要な仕訳を示し精算表を作成しなさい。ただし，決算は年１回（３月31日）である。

元帳残高

現金	¥ 275,000	当座預金	¥ 450,000
受取手形	200,000	売掛金	460,000
貸倒引当金	14,000	繰越商品	130,000
貸付金	390,000	建物	1,000,000

備　　　品	400,000	建物減価償却累計額	375,000
備品減価償却累計額	120,000	買　掛　金	180,000
借　入　金	250,000	資　本　金	1,500,000
繰越利益剰余金	374,000	売　　　上	1,800,000
受取手数料	35,000	受取利息	15,000
仕　　　入	1,250,000	給　　　料	30,000
保　険　料	45,000	消耗品費	10,000
支払利息	18,000	雑　　　費	5,000

決算整理事項

① 現金の実際手許有高は¥273,000であった。帳簿有高との不一致の原因は不明である。

② 期末商品棚卸高は¥145,000であった。

③ 受取手形と売掛金の期末残高合計額に対して5%の貸倒れを見積もった（差額補充法）。

④ 減価償却費の計上を定額法により行った。

　備品：耐用年数５年，残存価額はゼロ。

　建物：耐用年数40年，残存価額はゼロ。

⑤ 受取手数料の前受分¥10,000を計上した。

⑥ 保険料の前払分¥6,000を計上した。

⑦ 受取利息の未収分¥2,000を計上した。

⑧ 給料の未払分¥30,000を計上した。

⑨ 法人税，住民税及び事業税¥104,000を計上した。

第20章

財務諸表

1 財務諸表の様式

決算本手続は総勘定元帳のすべての勘定を締め切ることで実施されます。精算表は，この勘定の締切りを確実に行えることを確認するための予備的な作業でした。勘定の締切りが終わると決算手続は結了しますが，企業の経営成績と財政状態を報告するための媒体として**財務諸表**が作成されます。財務諸表は**決算書**ともよばれます。すでに学んだように，主要な財務諸表は**貸借対照表**と**損益計算書**です。また，これら財務諸表の様式には，**勘定式**と**報告式**があります。

勘定式とは，T字勘定の様式特性である借方側と貸方側という２つの記録面を援用して，財務諸表の構成要素を左右に対照することで配置し表示する方法です。貸借対照表では，その左側に資産を，右側に負債と資本を記載します。損益計算書では，その左側に費用を，右側に収益を記載し，さらに，両者の差額として当期純損益がどちらかの側に表示されます。収益が費用を超過する場合には，当期純利益が左側に表示されることになります。

〈勘定式による財務諸表〉

貸借対照表

資　　産	×××	負　　債	×××
		資　　本	×××
	×××		×××

損益計算書

費　　用	×××	収　　益	×××
当期純利益	×××		
	×××		×××

勘定式に対して，報告式とは，上から下に項目を記載していく方式です。貸借対照表では，上から，資産，負債，資本の順番で記載し，損益計算書では，

収益から費用を控除する形式で記載がなされます。また，報告式の損益計算書は，一般的に，企業の活動の種類によって発生した収益と費用を分類し，それぞれの区分で収益から費用を控除し，複数の利益が段階的に表示されます。

〈報告式による財務諸表〉

貸借対照表	
資産	×××
	×××
負債	×××
資本	×××
	×××

損益計算書	
収益	×××
費用	×××
当期純利益	×××

企業が外部の人たちに財務諸表を報告する場合，貸借対照表は勘定式で，損益計算書は報告式で作成することが一般的です。しかし，本書では，いずれの財務諸表も勘定式による様式で説明を行います。

2 財務諸表の作成

財務諸表は，企業経営者自身というよりも，主に企業外部の人々に対して，経営成績と財政状態を報告するために作成されるものです。また，法令等によって様式が定められていることもあり，帳簿における記録や表現の方法を変更することがあります。

(1) 勘定科目と表示科目

総勘定元帳の勘定科目を基礎としたもので，財務諸表で表示されるときに変更が加えられるものとして，以下のようなものがあります。

(ア) 繰越商品と商品

繰越商品は，商品売買取引を記帳するときに用いられる方法（本書では３分法）に従って使用される勘定科目です。他の記帳方法をとった場合には，違う勘定科目が使われる場合もあります。財務諸表では，記帳方法にかかわらず，期末に存在する未販売の商品に対しては，商品という項目で貸借対照表に資産として表示することが一般的です。

(イ)　仕入と売上原価

前章の８桁精算表では，「仕入」の行で売上原価を計算しました。これを総勘定元帳の仕入勘定で確認すると次のようになります。

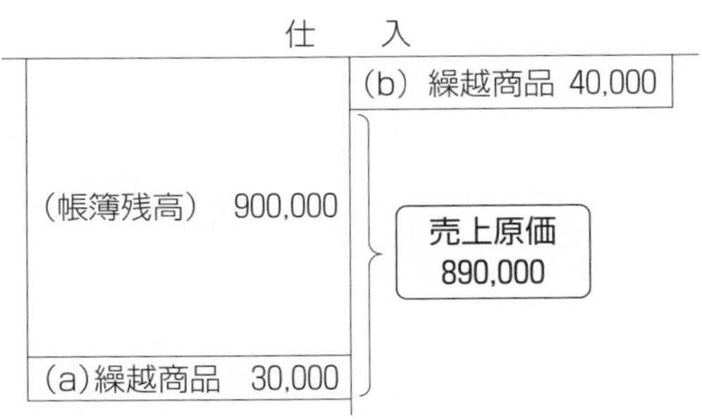

つまり，仕入勘定を利用して，売上原価の計算をしたのです。そこで，財務諸表である損益計算書では，仕入という勘定科目ではなく，**売上原価**という項目で表示します。

(ウ)　その他の表示

その他，勘定科目と財務諸表での表示に違いがあるものとして，勘定科目の売上は損益計算書では**売上高**に，前払保険料・未収利息・未払家賃・前受手数料などの項目は，より汎用性のある，**前払費用**，**未収収益**，**未払費用**，**前受収益**といった項目名でまとめて表示されることもあります。

(2)　売上債権（受取手形と売掛金）の貸借対照表価額の表示

受取手形や売掛金などの売上債権は，決算に際して，将来に回収不能額を貸倒引当金として見積もって評価を行います。総勘定元帳における受取手形勘定や売掛金勘定は，債権の残額が示されていますが，評価勘定としての貸倒引当金勘定が売上債権からのマイナスを意味することになります。財務諸表である貸借対照表では，受取手形と売掛金から，それらの回収不能見積額である貸倒引当金（評価勘定すなわち資産のマイナス勘定）を控除した金額を貸借対照表価額として表示することがあります。

売　掛　金	370,000	
貸倒引当金	△ 30,000	340,000

たとえば，期末において，受取手形勘定残高￥100,000と売掛金勘定残高￥370,000の売上債権合計￥470,000に対して将来の回収不能額を￥30,000と見積もった場合，貸倒引当金￥30,000を控除した￥440,000が貸借対照表価額となります。なお，受取手形と売掛金それぞれに対して貸倒引当金の金額が設定されている場合は，それぞれの売上債権勘定から控除して表示することもあります。

(3) 有形固定資産（建物や備品）の貸借対照表価額の表示

建物や備品などの有形固定資産は，決算に際して，一般に，減価償却費を計上します。減価償却費の計上が，減価償却累計額勘定を用いる間接法による記帳によっている場合，総勘定元帳における有形固定資産の諸勘定は，原則として，その金額が取得原価で表示されています。つまり，減価償却によってこれまで減少してきた建物や備品の価額は，減価償却累計額勘定（評価勘定すなわち資産のマイナス勘定）に計上されています。財務諸表である貸借対照表では，建物や備品などの有形固定資産の取得原価から，減価償却によってこれまで減少してきた金額である減価償却累計額を控除した金額を貸借対照表価額として表示します。

建　　物	1,000,000	
減価償却累計額	△ 466,000	534,000
備　　品	800,000	
減価償却累計額	△ 160,000	640,000

たとえば，取得原価¥1,000,000の建物の減価償却累計額が¥466,000である場合はその貸借対照表価額は¥534,000と，取得原価¥800,000の備品の減価償却累計額が¥160,000である場合はその貸借対照表価額は¥640,000と表示されます。

⑷　当期純利益と繰越利益剰余金

精算表では，損益計算書欄で算定された当期純利益（純損失）と貸借対照表欄で算出された当期純利益（純損失）の金額の一致を確認することで決算予備手続が実質的に終了します。本決算手続では，決算日において，損益勘定を開設し，そこにすべての収益と費用を集合させ，その差額が当期純利益（純損失）となります。財務諸表である損益計算書では，損益勘定と同様に，当期の収益と費用の差額を当期純利益（純損失）として表示します。

また，決算本手続では，損益勘定の差額である当期純利益（純損失）の金額は，繰越剰余金勘定に振り替えられます。つまり，決算日における繰越利益剰余金勘定はその期の当期純利益（純損益）を加算（減算）した金額として締め切られます。財務諸表である貸借対照表では，資本の部の項目である繰越利益剰余金勘定はその期に生じた当期純利益（純損失）を加算（減算）した金額で表示され，精算表のように，当期純利益（純損失）が別途表示されることはありません。

例題20

ここでは，19章８桁精算表の［**例題19**］を使って，財務諸表の作成についてみていきます。なお，以下の元帳残高は，決算整理後のものです。

元帳残高（決算整理後）

勘定科目	金額	勘定科目	金額
現金	¥ 207,000	当座預金	¥ 900,000
		売掛金	370,000
繰越商品	40,000	建物	1,000,000
備品	800,000	土地	2,000,000
買掛金	100,000	未払消費税	60,000
借入金	1,000,000	貸倒引当金	30,000
建物減価償却累計額	466,000	備品減価償却累計額	160,000
資本金	2,500,000	繰越利益剰余金	930,000
売上	1,500,000	受取手数料	57,000
受取家賃	42,000	受取利息	2,000
仕入	890,000	給料	320,000
支払家賃	75,000	旅費交通費	28,000
発送費	18,000	通信費	14,000
消耗品費	21,000	保険料	20,000
支払利息	17,000	雑費	13,000
雑損	3,000	貸倒引当金繰入	5,000
貯蔵品	2,000	減価償却費	116,000
未払利息	2,000	前受手数料	18,000
前払保険料	4,000	未収家賃	4,000
法人税，住民税及び事業税	21,000	未払法人税	21,000

損　益　計　算　書
X1年4月1日からX2年3月31日まで

	費　用	金　額	収　益	金　額	
(1)(イ)	売上原価	890,000	売上高	1,500,000	(1)(ウ)
	給料	320,000	受取手数料	57,000	
	支払家賃	75,000	受取家賃	42,000	
	旅費交通費	28,000	受取利息	2,000	
	発送費	18,000			
	通信費	14,000			
	消耗品費	21,000			
	保険料	20,000			
	貸倒引当金繰入	5,000			
	減価償却費	116,000			
	雑費	13,000			
	雑損	3,000			
	支払利息	17,000			
	法人税，住民税及び事業税	21,000			
(4)	当期純利益	40,000			
		1,601,000		1,601,000	

貸借対照表
X2年3月31日

	資産	内訳	金額	負債及び資本	金額	
	現金		207,000	買掛金	100,000	
	当座預金		900,000	借入金	1,000,000	
	売掛金	370,000		未払消費税	60,000	
(2)	貸倒引当金	△ 30,000	340,000	未払費用	2,000	(1)(ウ)
(1)(ア)	商品		40,000	前受収益	18,000	(1)(ウ)
	貯蔵品		2,000	未払法人税等	21,000	
(1)(ウ)	前払費用		4,000	資本金	2,500,000	
(1)(ウ)	未収収益		4,000	繰越利益剰余金	970,000	(4)
	建物	1,000,000				
(3)	減価償却累計額	△ 466,000	534,000			
	備品	800,000				
(3)	減価償却累計額	△ 160,000	640,000			
	土地		2,000,000			
			4,671,000		4,671,000	

（注） 財務諸表の欄外の記号は，上記の説明に対応しています。

■ 練習問題20 ■

前章の**練習問題19**の例示を用いて，損益計算書および貸借対照表を作成しなさい。なお，いずれの様式も勘定式とする。

＜著者紹介＞

伊藤　龍峰（いとう　たつみね）　担当：第１章～第７章
西南学院大学商学部教授
1985年西南学院大学大学院経営学研究科博士後期課程単位修得満期退学。香蘭女子短期大学秘書科専任講師，九州産業大学商学部助教授，西南学院大学商学部助教授を経て1996年より現職。
（主要業績）『会社簿記入門』『監査論入門』『簿記入門テキスト』『初級簿記テキスト』（以上，共著，中央経済社）など著書，論文等多数。

工藤　栄一郎（くどう　えいいちろう）　担当：第19章・第20章
西南学院大学商学部教授
1990年西南学院大学大学院経営学研究科博士後期課程単位修得満期退学。鹿児島経済大学（現・鹿児島国際大学）経済学部専任講師，同助教授，熊本学園大学商学部助教授，同教授を経て2015年より現職。
（主要業績）『ゴールドバーグの会計思想』（翻訳，中央経済社），『会計記録の基礎』『会計記録の研究』（日本簿記学会賞受賞）（以上，中央経済社）など多数。

青木　康一（あおき　こういち）　担当：第14章，第15章，第18章
鹿児島国際大学経済学部教授
1993年西南学院大学大学院経営学研究科博士後期課程単位修得満期退学。鹿児島経済大学経済学部専任講師，同助教授，鹿児島経済大学（現・鹿児島国際大学）経済学部助教授・准教授を経て2017年より現職。
（主要業績）『簿記入門ゼミナール』（共著，創成社），『簿記入門テキスト』（共著，中央経済社）他。

仲尾次　洋子（なかおじ　ようこ）　担当：第８章，第11章，第12章
名桜大学国際学群教授
近畿大学大学院商学研究科博士後期課程修了。博士（商学）。名桜大学国際学部専任講師，同助教授・准教授を経て2016年より現職。
（主要業績）『簿記の理論学説と計算構造』『ビジネスセンスが身につく会計学』（以上，共著，中央経済社），『異文化対応の会計課題』（共著，同文舘出版）など多数。

坂根　純輝（さかね　よしてる）　　担当：第９章，第10章，第13章
長崎県立大学経営学部准教授
2014年西南学院大学大学院経営学研究科博士後期課程修了。博士（経営学）。九州情報大学経営情報学部専任講師，准教授を経て2020年より現職。
（主要業績）『初級簿記テキスト』（共著，中央経済社），「継続企業の前提に係る監査基準の改訂と監査人の保守性」『産業経理』第78巻第２号他。

東　幸代（あずま　さちよ）　　担当：第10章，第17章
広島経済大学経営学部助教
2013年西南学院大学大学院経営学研究科博士前期課程修了。2017年より現職。
（主要業績）『初級簿記テキスト』（共著，中央経済社），「監査基準の改訂にみる監査の拡大」『西南学院大学大学院研究論集』第３号他。

原口　健太郎（はらぐち　けんたろう）　　担当：第16章
西南学院大学商学部准教授
2019年九州大学大学院経済学府博士後期課程修了。博士（経済学）。2019年より現職。
（主要業績）「地方公共団体における公会計財務諸表と地方債市場との関連性の発現過程―米国各州のデータを用いた時系列分析」『会計プログレス』第20号（日本会計研究学会学術奨励賞受賞）他。

基本簿記原理〈第２版〉

2020年４月１日　第１版第１刷発行
2021年４月１日　第２版第１刷発行

著　者　伊藤龍峰
工藤栄一郎
青木康一
仲尾次洋子
坂根純輝
東幸代
原口健太郎

発行者　山本継
発行所　㈱中央経済社
発売元　㈱中央経済グループパブリッシング
〒101-0051　東京都千代田区神田神保町1-31-2
電話　03（3293）3371（編集代表）
03（3293）3381（営業代表）
https://www.chuokeizai.co.jp
印刷／㈱堀内印刷所
製本／㈲井上製本所

ISBN978-4-502-38671-8　C3034